La promesse

Philippe Vilain

La promesse

Échapper aux vaines paroles

Autrement

Collection « **Les grands mots** »
Créée par Alexandre Lacroix
Sous la direction de Claire Fercak

ISBN : 978-2-0804-3898-0

À la mémoire de Mario Liguori

Pour l'ancien grand timide que je suis, peu doué pour le langage, la parole a longtemps été un territoire difficile à maîtriser. J'ai conservé des séquelles irréversibles de cette conquête fastidieuse qui m'a rendu taiseux, économe de mots, qui m'a appris à me méfier du langage, à fuir les beaux parleurs, les bavards au bagout soporifique, les loquaces et les éloquents qui vomissent des logorrhées verbeuses, les phraseurs invétérés promettant monts et merveilles, et tous les bonimenteurs abusant des *paroles, paroles, paroles,* comme chantait Dalida. Peut-être même, si j'y songe, suis-je devenu écrivain à cause de mon scepticisme envers le langage qui me porte justement à lui accorder une puissance sacrée. J'évite moi-même de promettre l'impossible, de faire des projets que je sais irréalisables, pour n'illusionner ni ne décevoir personne et, la plupart du temps d'ailleurs, je me fais les promesses en moi-même, sans les dire. Des promesses particulières, muettes, qui ne tiennent pas lieu de langage, des promesses qui font silence, comme veiller sur ma mère après le décès de mon père et la soutenir jusqu'à la fin de sa vie. Si j'avais été père, je me serais fait une promesse, m'assurer que mon enfant ne manque jamais de rien, le conduire vers la meilleure vie possible. D'une certaine manière, si la promesse est un acte de langage, elle peut aisément se passer de communication, pour s'accomplir silencieusement, pudiquement, sans que son destinataire le sache. De telles promesses tues sont des promesses d'amour, elles perpétuent le monde dans la transparence des paroles, échappent à l'autorité conventionnelle des discours, à la solennité publique des serments, au clinquant que ceux-ci recèlent. Promettant de la sorte, *en moi-même*, j'épargne les autres d'éventuelles désillusions, je les protège d'avance contre mes possibles défaillances, je ne les expose pas à la brutalité du verbal puisque, de mes promesses, ils ne savent et ne sauront jamais rien. Et ce n'est pas parce que je noue avec eux un pacte discret, muet, invérifiable, que mon pacte ne repose pas sur un principe d'éthique et de sincérité. Car c'est bien dans le silence, exonéré du langage, que je respecte le mieux ma parole, que je *tiens parole*, car la promesse, selon moi, se pervertit dans les mots, elle se corrompt dans le verbal. Friedrich Nietzsche, dans le fragment 350 d'*Aurore* ne pensait pas autre chose :

> Lorsque l'on fait une promesse, ce n'est pas la parole qui promet, mais ce qu'il y a d'inexprimé derrière la parole. Les mots affaiblissent même une promesse en déchargeant et en usant une force qui est une partie de cette force qui promet. Faites-vous donc donner la main en mettant un doigt sur la bouche, – c'est ainsi que vous faites les vœux les plus sûrs.

À moi aussi, le beau de la promesse me paraît tenir à ce que celle-ci n'exprime pas, à ce qu'elle s'efforce, de toute sa pudeur, de retenir, à ce qu'elle s'emploie à *mettre un doigt sur sa bouche*. Son beau est indicible, il se dérobe à l'écoute pour se loger sous les phrases, dans leurs interstices et leurs sous-discours, il semble s'intimider devant la promesse. Son beau ne résulte pas d'une impossibilité ou d'une incapacité du langage, mais d'un refus de parole, d'une révolte contre le verbal, il tient à ce qui répugne à se dire, s'y agrippe pour faire vœu de silence, comme peut-être, j'imagine, les croyants destinent leur parole à Dieu, au milieu d'autres croyants, à un absent présent pour eux seuls, dans le silence des églises. La promesse ne promet pas, écrit Nietzsche, elle s'accomplit sans recours au langage, elle se sacre dans l'économie même de ce qui est supposé la produire : les mots. Que l'humanité la plus sensible s'accomplisse dans un *faire silence*, dans un acte non linguistique, qu'elle puisse s'assouvir pleinement dans un rapport mutique pareil à celui qui rend complices un individu et un animal, est d'autant plus remarquable que la promesse se définit justement, et avant tout, comme un acte purement linguistique, un énoncé déclaratif – « je promets ». Je peux donc promettre sans me déclarer, je peux donc tenir parole sans proférer de paroles, parce que le silence est un autre langage, sans mots, sans effets, sans rien. C'est dire que certaines promesses ont besoin d'abandonner la parole pour l'incarner, l'habiter plus intensément. Constater cela ne veut pas dire que l'humanité ne puisse pas éclore du langage, de sa verbalisation, de son énonciation, mais seulement que le langage ne lui est pas indispensable et que l'authentique promesse se tait, se retient, car elle n'a rien à prouver, rien à prédire, rien à promettre finalement. Elle est simplement une parole spectrale, qui dialogue avec ses absents, ses fantômes et tous ses *ignorants* – appelons ainsi, de manière appréciative, ceux qui ignorent la promesse qu'on leur fait –, elle est une parole qui se crie dans le silence du monde, elle est une parole qui se prie.

Plus j'avance dans la vie et plus la promesse m'importe, plus elle m'est nécessaire pour croire à l'humanité, à la solidarité des hommes, au vivre-ensemble, et pour redonner de la valeur au langage. Rien de sérieux, d'ailleurs, ne me semble pouvoir s'élaborer en dehors de cette parole puissante, qui se trouve au fondement de toute relation loyale – quand bien même celle-ci se trouve éclipsée de notre société hyperinformée, noyée dans la masse des discours dont le flot ininterrompu aseptise tout, réduit les propos à des actes de pure communication, à une gratuité désinvestie de tout engagement. Dans une époque éprise de bavardages vains, d'opinions radicales, de blablas permanents, tous les propos finissent par se confondre jusqu'à devenir inaudibles, pour ne pas dire insensés. Il n'est que de surfer sur les réseaux sociaux pour s'en faire une idée. Chacun s'autorise à débattre de tel problème, de tel conflit, à dénoncer, à critiquer, à dire ce qu'il pense, ce qui lui passe par la tête, dans le but de se rendre visible ou de s'octroyer une importance, et sans toujours posséder une connaissance experte des sujets, sans vouloir non plus s'y impliquer autrement que sous cette forme sociale, visible, mais désinvestie. Sur le nombre, pourtant, bien peu de parleurs osent promettre, passer à l'acte, concrétiser leurs propos en faits, s'engager physiquement pour servir les causes défendues, se risquer à intervenir contre leurs intérêts personnels, autrement que dans des implications minimales, comme des marches vertueuses, des pétitions qui se valident par un simple clic sur Internet, et semblent des démonstrations de bonne conscience citoyenne. Ce sont des déclarations *Canada dry* qui font croire mais n'engagent à rien, des discours qui ont le goût et l'apparence belliqueuse mais qui n'agissent pas. Alors que nous pouvons discourir de tout et de rien tant que nous ne sommes pas personnellement impliqués, nous nous engageons peu en affirmations et nous ne nous risquons pas à promettre quoi que ce soit. Et nous savons manipuler le langage tant que les causes ne constituent pas pour nous un enjeu véritable. Celui qui pérore le plus en fait souvent le moins, comme dit le proverbe : *Grand diseux, petit faiseux*. Les mots authentiques parlent moins qu'ils n'agissent ; ils sont suivis d'actes ou de sanctions, de grèves ou de guerres, de luttes physiques comme celles des Gilets jaunes ; ils protestent jusqu'à la mort pour obtenir concrètement un gain, une loi, ou pour la supprimer. Ce sont des paroles qui *font*. Pour ma part, alors que j'étais un étudiant antimilitariste au milieu des années 1990 et que je m'étais promis de ne jamais remplir mes obligations militaires, j'avais tenu à effectuer un service civil pour devenir ce que l'on appelait à l'époque un objecteur de conscience – une personne qui, par conviction philosophique et politique dans mon cas, s'opposait à l'usage personnel des armes – plutôt que de me faire pistonner dans un régiment de proximité ou de me faire réformer auprès d'un médecin conciliant, comme nombre de mes camarades. Choisir l'objection n'était pas sans conséquences : cela représentait une astreinte considérable pour les étudiants, obligés d'interrompre leur cursus universitaire pendant toute la durée de ce service national : soit vingt mois, au lieu des douze du service militaire. Ce choix était en réalité une sanction. Non seulement il était peu rémunéré, mais il était très mal considéré et hypothéquait l'avenir professionnel des objecteurs en les bannissant des professions administratives. Sans compter qu'interrompre ses études en brisait la dynamique jusqu'à conduire, bien souvent, à leur abandon définitif. Je ne dévoile cela ni pour me vanter, ni pour passer pour le héros que je ne suis pas, que je n'ai jamais été, mais simplement pour montrer combien pour moi les paroles se lient aux actes, combien les promesses que l'on se fait doivent être tenues.

Le sacré de la parole

Les paroles menacent la parole. Cette évidence illustre le paradoxe dans lequel s'inscrit la promesse puisque sa sacralité naît précisément de cette profusion, s'élabore sur un dispositif de profanation : toutes les paroles ne sont pas équivalentes entre elles, et la promesse se sacralise d'autant plus qu'elle s'extirpe d'un vacarme où les paroles se vulgarisent. Pour cette raison, la promesse se fait rare, elle brille de son exceptionnalité. Afin que la promesse ne finisse pas par devenir une parole comme les autres, banalisée, son exceptionnalité est même sa condition, en même temps qu'elle la rend inestimable. La multiplier provoquerait sa ruine, reviendrait à déployer une série de paroles vaines, dépourvues de sens, de promesses destinées à se diluer dans l'air, à se gazéifier. C'est parce que nous ne promettons pas souvent que nous sommes en mesure de promettre et concrétiser nos engagements, alors que nous avons par ailleurs la capacité d'abuser du langage, de parler pour parler, et de projeter mille choses qui, nous le savons, ne se matérialiseront jamais, que nous n'envisageons pas même un instant de mettre à exécution nos intentions. De fait, la promesse noue un rapport complexe au langage par lequel elle s'énonce : si elle naît dans la cacophonie des discours, elle-même s'énonce discrètement, sans s'ébruiter, dans un quasi-silence, économisant les mots pour se dire. Les promesses, qu'il s'agisse de celles que nous faisons aux autres ou de celles que nous nous faisons à nous-mêmes, sont avares de paroles, comme si le silence leur conférait une force supérieure, les vouait à une résolution extrême. C'est d'un chaos discursif que la parole des paroles surgit, mais c'est dans le silence qu'elle s'accomplit, qu'elle produit à l'aide de deux termes simples – « je promets » – un événement de langage.

Évoquer la propriété sacrificielle de la promesse, c'est dire la relation de la parole au sacré, relation à laquelle nous sommes probablement moins sensible dans une société d'hypercommunication, saturée de discours informatifs et divertissants, où la parole, réduite à n'être qu'un simple acte linguistique, diminue son pouvoir de signifiance et d'interaction. Nous n'accordons, en effet, qu'un faible intérêt à cette parole globale et continue, substituable à souhait, comme vouée à l'effacement ou à l'oubli. La parole possède pourtant un coefficient de sacré d'autant plus fort qu'elle s'énonce dans un contexte où les paroles précisément se vulgarisent, se profèrent sans se donner, sans rechercher un lien de solidarité ou de complicité à autrui ; cette parole se révèle d'autant plus belle qu'elle émerge, telle une rose d'un champ de terre désolé, d'une terrible cacophonie dont le sens finit par se diluer jusqu'à l'absurde dans le flux logorrhéique de l'hyperproduction des discours. Cette forme de parole semble s'excepter du flot et s'investir d'une puissance particulière : il s'agit de la promesse. Celle du politicien qui promet d'accomplir telle action, de résoudre tel problème. Celle de l'amoureux qui fait le serment d'épouser une personne ou simplement de lui rester fidèle. Celle d'un fils qui se promet à lui-même d'être à la hauteur des attentes que ses parents suscitent en lui et, comme dans *La Promesse de l'aube* de Romain Gary, de réaliser un destin, d'incarner les rêves de la mère. Celle de l'exilé promettant de revenir un jour sur la terre qui l'a vu naître. Ou même celle du mafieux qui promet la vengeance au nom de l'honneur de son clan. Nous pourrions aisément multiplier les situations où la promesse oblige un locuteur à entrer dans cette « religion de la parole » définie par Georges Gusdorf dans son essai intitulé *La Parole*. La promesse, qui engage la responsabilité, se fait ainsi parole vertueuse, éthique, restituant toute la sacralité et la valeur du langage, la croyance dans la potentialité d'une parole transcendant la communication, d'un verbe sacré, d'un logos divin créateur de toute réalité en même temps que d'une relation d'intelligence entre les individus, parmi lesquels « l'homme de parole contribue à mettre de l'ordre dans la réalité humaine ».

Respecter une parole suppose une pieuse dévotion à un impératif moral comme de prendre au sérieux la valeur éthique d'une parole – « chose promise, chose due » –, contribuant à faire de nous une *personne de parole* (la promesse nous renseigne, en effet, sur la personnalité d'un locuteur, sur son authenticité personnelle, dévoile sa manière d'*être en vérité*, sa valeur dans l'existence, son exigence morale ou sa fidélité à un engagement). Par ailleurs, accomplissant, par honneur ou par devoir, une promesse, nous nous relions intimement au monde et remettons du sacré dans nos rapports à autrui, nous redonnons de l'épaisseur à la fugacité des choses, de la constance à leur versatilité à travers le maintien d'un engagement que Georges Gusdorf nomme si poétiquement une « ombre d'éternité dans nos vies périssables ». C'est de la dimension sacrée de la parole que cet essai s'efforce de traiter sous la forme d'un éloge de la promesse opposé à la vanité des paroles, quand bien même un tel éloge ne saurait omettre les paradoxes, les contradictions et les obstacles qui lui sont inhérents : la promesse porte en elle l'imminence de son propre doute (en amour, nous désirons que notre partenaire respecte sa promesse de fidélité mais, en même temps, nous ne souhaitons pas qu'il en reste prisonnier s'il n'éprouve plus de sentiments pour nous, ni qu'il reste avec nous par obligation et pure fidélité à un simple devoir moral), la possibilité de son propre parjure ou de sa trahison déshonorante (le non-respect de la parole). La promesse questionne aussi les certitudes inhérentes à notre vie en société ; en effet, et paradoxalement, ce que laisse entendre la nécessité de promettre n'est rien d'autre que la faillite de la parole, l'insuffisance du langage à établir un rapport de confiance entre les individus, un déficit de croyance dans les paroles et les intentions ordinaires, voire leur insincérité, en même temps qu'elle interroge le principe régissant toute relation sociale : pourquoi avoir besoin de promettre si la parole suffisait en tant que telle ? Le vivre-ensemble ne repose-t-il pas sur un contrat social tacite, une implicite obligation de respect, un engagement moral naturel ? Nous promettons car nos discours manquent de puissance. Dire « Je resterai toute ma vie avec toi » devrait suffire, toutefois cela continuera de susciter un doute si nous ne le verbalisons pas par une autre forme de proposition validée par la promesse : « Je te promets que je resterai avec toi toute ma vie. » Le verbe « promettre » ne fonctionne pas, grammaticalement, comme un *addendum* inutile, décoratif, au discours, c'est lui qui, au contraire, le légitime et le crédibilise.

Il est probable que ma volonté de taire mes promesses résulte autant de la crainte de donner de vaines illusions, de décevoir, que de me décrédibiliser auprès des personnes que j'aime, au point de ne plus être considéré par elles comme digne de confiance. Dans mon rapport méfiant au langage se posent en effet la question de la confiance, le problème du statut fiduciaire des discours soupçonnés ou discrédités, et de leur fiabilité à concrétiser ce qu'ils énoncent, à faire ce qu'ils disent. Car comment donner sa parole, ou croire en une parole donnée, si je me méfie autant des mots, si je n'ai pas confiance en ceux-là qui m'apparaissent comme les instruments d'une manipulation possible ? On voit bien que la promesse me conduit rapidement à une impasse, et qu'elle ne m'offre pas d'autres solutions que de *faire confiance*, d'accorder mon crédit à la parole qu'autrui me confie – le verbe « confier », qui vient du latin *confidere* (*cum* – avec – et *fidere* – fier), signifie l'acte de remettre une chose précieuse à autrui et de se fier à lui en misant sur sa bienveillance. Ma parole doit instaurer cette confiance, elle en recèle la charge et la fonction, sans oublier que, dans le même temps, je dois me faire confiance pour promettre, avoir suffisamment de certitudes et de croyance en moi, de foi en ma capacité et en ma persévérance avant de m'engager durablement dans un projet ; autrement dit, je dois croire suffisamment en moi pour tenir parole, nourrir une certaine confiance en ce que je suis, en ce que je crois valoir. C'est peut-être d'ailleurs cette attente placée en moi qui, par tout un jeu d'inductions, me fortifiera, décuplera ma capacité, solidifiera ma confiance et ma nécessité de persévérer, tout en annihilant ma méfiance et mes doutes – tout ce qu'il peut y avoir de versatile, de fragile et d'inconstant dans mon humanité même. C'est peut-être de savoir que l'autre croit en moi et que j'ai suscité en lui une attente importante, une attente que je ne peux mesurer justement parce que j'ai énoncé une promesse, j'ai fait acte de langage, qui me maintient en capacité de tenir parole, quand bien même je reste conscient de la fragilité de celle-ci, du fait qu'aucune parole n'est garantie, qu'aucun engagement ne saurait vaincre totalement l'imprévisible, l'imprédictible, les aléas de la vie. Si je deviens père, si je donne la vie, je promets naturellement à mon enfant une bonne et belle vie, et je ferai tout, jusqu'à ma mort, pour parvenir à ce qu'elle soit telle. La confiance repose ainsi sur une éthique du devoir. D'une certaine manière, cette confiance placée en moi accroît ma responsabilité, tandis que la confiance que je place en celui qui promet continue de douter, demeure mesurée, méfiante en quelque sorte.

Si je reste aussi circonspect par rapport à la parole, c'est que ma mémoire n'est vierge ni de promesses, ni de désillusions anciennes, c'est que ma remémoration blessée ne parvient pas à occulter ses peines. Je sais que toutes les promesses que je fais, ou que je refuse de faire, ou que je ne souhaite pas déclarer découlent de celles non tenues qui m'ont été faites, de promesse, avant la promesse pour le dire ainsi. Mes promesses contiennent celles déchues de mon passé, elles sont porteuses d'échecs, de désillusions, de chagrins, de satisfactions aussi, bien sûr, mais dans ma remémoration les désillusions l'emportent, traumatisent mes souvenirs, me rendent prudent ; ces désillusions me font penser comme je pense aujourd'hui, elles ont édifié les remparts de ma méfiance pour me protéger et protéger les autres. Quand je promets, de fait, je promets autant depuis ce que j'appellerais un *impromis*, soit ce qui demeure inexprimé, n'a su ni se révéler, ni s'oublier. Je promets autant depuis une promesse que je n'ai moi-même pas su tenir que d'une promesse non tenue, subie, je donne une parole depuis une parole qui n'en a jamais constitué une véritable et dont le souvenir ne parvient pas à s'estomper, une parole qui continue de brutaliser ma mémoire ; je promets depuis cet *impromis*, le difficile oubli de la déception qui continue de me maltraiter en silence. Une promesse rompue ne cesse naturellement de produire des répercussions lointaines au point que son souvenir me fasse soupçonner toute parole, agir avec méfiance, m'entraîne dans le cercle vicieux de la confiance. Rien de plus logique. C'est autant à cause du souvenir de mes chagrins que de ma mauvaise conscience, des erreurs subies que des erreurs commises, que je continue de promettre, que je persévère dans une relation de confiance. Dans ce cas, le désir de prendre une revanche sur mon passé, de me rattraper, d'améliorer ma part la plus *manquée* peut finir par tenir lieu d'obligation envers moi-même, d'effacer en moi la figure la plus détestable, celle qui me rend étranger à moi-même. Disant cela, je pense à la promesse que mon père fit de cesser de boire à la fin des années 1980, après plusieurs tentatives infructueuses, promesse qui continue de m'émouvoir parce que j'en suis en quelque sorte le destinataire involontaire. Il aura fallu qu'un médecin le menace en lui disant « Si vous voulez voir votre fils grandir, il faut que vous arrêtiez de boire ! » pour provoquer un déclic, pour qu'il prenne conscience que sans ce changement nos jours ensemble seraient comptés. Du jour au lendemain, il se promit de ne pas recommencer, et il y parvint jusqu'à sa mort, une douzaine d'années plus tard. Cette fidélité à sa parole, à cette parole qu'avant cela il n'avait jamais respectée, est d'autant plus héroïque que demeurer fidèle à soi-même lorsqu'on est son propre ennemi et que cette parole on l'a toujours trahie à travers de liquides promesses d'ivrogne, se révèle être un véritable défi. D'une certaine manière, il est tout à la fois beau et effrayant de me dire que je suis l'origine et la finalité de sa promesse d'arrêter de boire. Beau, parce que cette promesse m'apparaît comme une preuve d'amour absolu, mais effrayant en même temps parce que *me voir grandir* concurrence *le fait de boire* et que la comparaison ne devrait même pas se faire, *la question devrait être vite répondue,* pour reprendre une formule du temps.

C'est bien pour me corriger et m'améliorer que je veux continuer de promettre, mais c'est aussi pour donner une chance à la promesse que j'éprouve la nécessité de la recevoir, d'y consentir, de me fier à l'autre. C'est pour forger ma croyance dans le langage et les paroles des hommes, parce que vivre sans cela, sans donner ma parole ni en accueillir serait m'isoler, me priver de toute relation, ne rien attendre des autres mais ne rien attendre de moi non plus. C'est pourquoi je prends mon temps avant de promettre, je ne veux plus m'engager à la légère dans un projet que je ne serai pas certain de mener à terme, je ne veux ni produire d'autres déceptions, ni causer d'autres chagrins ; je ne veux surtout pas me rendre responsable d'une nouvelle situation intenable. Je suis devenu prudent, et ce que je veux désormais avant tout, c'est vérifier ma capacité d'agir afin d'édifier une promesse à partir d'un socle solide, stable, qui me donnera confiance et maximisera mes chances de garantir une parole forcément sujette à l'incertitude de l'action humaine.

Telle prudence ne dissuade cependant pas mon désir de promettre. La promesse m'importe autant parce qu'elle me fraternise. Elle me relie silencieusement aux hommes et aux femmes, m'enchaîne solidairement à eux et à elles selon un puissant ordre de la parole ; promettre est une forte expérience humaine produisant des êtres de solidarité, possédant la vertu de me faire éprouver la joie de servir, la nécessité d'aider et de contribuer, d'agir pour autrui – non forcément d'agir vertueusement, car nous pouvons promettre de commettre un assassinat, comme dans les mafias, par exemple, où la parole met en question l'honneur. Dans tous les cas de figure, cependant, promettre revient à *être pour* l'autre, à servir l'autre, à faire preuve d'une grande abnégation. Promettre suppose de consentir totalement à l'autre tout autant que l'autre consente à nous. La mission vertueuse du promettre entend produire du bien, créer un effet positif pour contenter l'autre. Cette perspective altruiste doit encourager à promettre, non seulement pour transformer la vie d'autrui, mais pour transformer humainement la nôtre, faire de soi un être d'honneur, responsable, respectable, digne de confiance, d'une confiance qui se conquiert par la parole donnée et concrétisée : réaliser une promesse nous fait être estimés et nous fait nous estimer nous-mêmes, nous devenons des êtres de parole, des hommes ou des femmes de gage, sur lesquels on peut compter.

Tenir parole

Toute promesse tient du sacré parce qu'elle tient du don, qu'elle recèle une générosité, le souci de transmettre sans rien attendre en retour. La promesse est une passion altruiste, il s'agit de vivre et de partager une émotion commune. Lorsque je promets, je ne transmets pas seulement ma parole, je fais don de moi et de mon temps, je fais bien plus que d'apporter un réconfort ou d'offrir une quelconque consolation, j'apporte mon aide et mon soutien, je me dépense et m'investis tout entier, je m'oblige et me mets au service d'une personne, à sa disposition, avec une totale abnégation ; au fond, je fais mieux qu'offrir un bien matériel, je m'offre moi-même entièrement. Je partage ce que je peux en montrant, au cœur de mon propre effacement, ce que j'ai de plus estimable, de plus vertueux. Tel don de soi est sacrificiel. En donnant ma parole, d'une certaine façon, je nie jusqu'à mon existence pour une quête dont je n'attends rien moi-même. La littérature médiévale, en particulier dans les récits arthuriens, a surexploité cette forme de générosité en la poussant à l'extrême par le motif de *la promesse en blanc*, une charité propre à construire une dramaturgie et à produire des tensions narratives, des bouleversements, des péripéties, à exprimer des conflits, des dilemmes moraux. Un personnage promet de donner quelque chose sans connaître la nature exacte d'un don qui, à terme, risque même de lui causer du tort et de l'obliger d'aller contre ses intérêts personnels (on parle de *don contraignant* ou de *rash boon*), mais ce donateur ne peut déroger à sa promesse, parole irréversible qu'il se voit contraint d'honorer jusqu'à la mort. Un passage du fameux roman courtois de Chrétien de Troyes, *Lancelot ou le Chevalier de la charrette*, illustre à merveille ce type de promesse aveugle, inconsidérée, énoncée à vide, lorsque le roi Arthur promet à son frère de lait et sénéchal, Keu, de lui accorder ce qu'il veut, sans savoir que cela engendrera des conséquences terriblement dramatiques pour sa cour. Donner sa parole, c'est ne pas pouvoir se dédire, c'est sacrifier son être dans le verbe.

Pour tenir parole sereinement, entrer en relation avec autrui par la promesse, je dois également me défaire du souvenir de mes fautes, me départir des paroles que je n'ai pas pu tenir comme de celles que l'on n'a pas pu me tenir, je dois me désenchaîner des sentiments négatifs associés à cette somme de paroles et me débarrasser de mes soupçons à leur propos ; en conséquence de quoi, si je souhaite inspirer confiance et retrouver ma propre confiance, je n'ai pas d'autre choix que de pardonner. Le pardon et la promesse s'inscrivent de la sorte dans une démarche complémentaire enracinée dans la morale religieuse chrétienne : lorsque Jésus demande aux hommes de pardonner les offenses, il les invite à s'engager dans un chemin de transformation personnelle nécessaire pour leur évolution et la réciprocité de la confiance. Pardonner ne signifie pas « oublier », puisque la mémoire m'enseigne la bonne conduite et m'évite de reproduire les mêmes erreurs. Il me faut au contraire me souvenir pour oublier, laver le souvenir des fautes ou des accablantes actions commises dans le passé. Me souvenir m'éduque, plus profondément, à la promesse, forge en moi cette remarquable capacité de « pouvoir promettre », que Nietzsche évoque dans la *Généalogie de la morale* : « Élever et discipliner un animal qui puisse *faire des promesses* – n'est-ce pas là la tâche paradoxale que la nature s'est proposée vis-à-vis de l'homme ? N'est-ce pas là le problème véritable de l'homme ? » La promesse instruit en moi l'animal social, cet être doué de la faculté de promettre et de projection, capable de s'inscrire dans une durée pour « répondre de lui-même comme avenir » ; la promesse dompte un animal dont le *pouvoir promettre* repose ainsi sur un principe paradoxal qui consiste à la fois à pardonner tout en luttant contre l'oubli, à faire *tabula rasa* de toutes les promesses anciennes, de précédences trahies, de l'expérience des mauvaises paroles, tout en persévérant malgré tout, et contre tout, dans la volonté de se souvenir, d'oublier l'oubli, l'entêtement à vouloir promettre. Il ne m'est plus possible, dès lors que j'ai déclaré une promesse, de faire marche arrière, de ne plus m'en souvenir ; la promesse ne peut me conduire qu'à une réalisation future. La détermination qui la traverse résulte d'une « mémoire de la volonté », d'une capacité durable de se souvenir du passé, d'une obstination aveugle et jusqu'au-boutiste, consistant à revendiquer à nouveau ce que j'ai énoncé une fois, à réitérer une contrainte au présent comme au futur, soit à continuer de *vouloir dans le temps*. Cette volonté, qui affirme la constance de mon caractère, désigne implicitement la nature éthique de la promesse, le souci de donner ma confiance et de tenir parole, soit de m'envisager durablement responsable dans une relation à autrui. Les capacités de se souvenir, de pardonner et de promettre œuvrent alors ensemble pour attribuer à la promesse un pouvoir éthique d'agir en responsabilité.

Dans cet effort patient, prométhéen, qui accompagne la promesse s'entend en effet l'idée du temps même, de sa profondeur métaphysique. Quand je promets j'ouvre le temps, par effraction d'une parole inaugurale, en m'enfonçant dans son épaisseur et ses ténèbres obscures, en m'engageant dans une durée incertaine, non mesurable, et j'épouse toutes les dimensions du temps, le présent de l'action qui s'attache à satisfaire la promesse – l'avenir supposé concrétiser ma promesse, dont le point de départ est celui de sa formulation intérieure et dont le point d'horizon demeure indéfini – et le passé où s'enracinent les causes, les déterminations et les motivations de mon engagement. Je promets pour réparer le passé, le corriger, résoudre un problème ancien, ne plus faire les mêmes erreurs, surmonter une difficulté rencontrée, solutionner mes ennuis, améliorer mon quotidien, dépasser un statut acquis depuis longtemps, etc. La promesse est une expérience temporelle endurantiste qui semble obéir à une volonté de contrôle du temps et se déployer à travers un mouvement et une transformation attendue : elle me place d'emblée sous l'emprise du passé et m'emprisonne dans le présent, méfiant, inquiet, jusqu'à ce que l'avenir m'en délivre. Le présent consolide en moi la possibilité de promettre, le *pouvoir promettre,* en l'associant au *pouvoir espérer,* il me permet de m'envisager dans le temps afin de ne pas me réduire au figement, de ne pas m'immobiliser de mon vivant : vivre sans *pouvoir promettre* serait me fermer au monde, expérimenter une vie non créative sans espérances, je veux dire, il me rendrait plus sensible et plus concrète la forme de *mourir.* L'incapacité de promettre ou de se promettre me condamnerait à vivre perpétuellement au présent sans aucune perspective, sous le seul joug accablant du passé. Tandis que la possibilité de promettre, à l'inverse, me donne à réaliser l'œuvre du temps sans me fermer l'avenir, sans m'interdire de m'y envisager, elle m'autorise à y accéder à nouveau, m'oblige même à m'y propulser, m'encourage à m'y jeter à cœur perdu. La promesse porte en elle une aube, la possibilité d'un changement, non seulement d'un accomplissement mais d'une émancipation, non seulement d'une résolution mais d'une résurrection. La volonté de tenir parole et l'espoir engendré par cette parole circulent ainsi ensemble, d'un point à un autre de cette durée, du passé à l'avenir. Il suffit de souhaiter et d'attendre, de vouloir et d'espérer pour vivre pleinement la promesse, chaque heure, chaque jour, dans sa temporalité voluptueuse et intense, tendue vers un seul objectif : son effectuation. À ce moment, au moment où rien n'est encore accompli, où la promesse ne s'est pas réalisée, je ne suis pas encore une *personne de parole*, mais seulement une personne engagée de bonne volonté. Pour l'heure, en travaillant à réaliser mon engagement, je ne fais que produire de l'espérance. Peut-être d'ailleurs je promets aussi pour produire cela, de l'espérance chez ceux que j'aime, pour leur faire sentir mon attachement, mon soutien et ma solidarité, pour les conforter et nourrir leurs rêves, les propulser eux aussi dans une autre dimension du temps, la leur faire expérimenter. Quand bien même, et j'en suis conscient, ma promesse, qui est une fabrique d'espérances et d'illusions, se révèle périlleuse dans la mesure où elle me rend responsable de ma parole et me lie aux autres jusqu'à l'éventuelle déception que je risque de leur causer ; et je la subis moi-même douloureusement si jamais je me sens d'avance dans l'incapacité de l'accomplir ; de même, si je la reçois, cette promesse m'encombre puisqu'elle est une dette qui m'obligera sans que je puisse la rendre.

Promettre me place donc dans un état de tension, dans un engrenage responsable dont le mode opératoire m'impose d'agir, m'enjoint de tout faire pour réaliser un projet, et c'est la raison pour laquelle la promesse n'envisage pas la parole comme une fin mais comme un acte de langage déclinant le premier mouvement vers sa réalisation. Sans action, ni détermination supérieure et transcendante de la parole, la promesse reste irréalisable. Quand je promets j'énonce une parole que je garantis de tenir – la promesse devant répondre, en effet, à une éthique du devoir, la *promissio* ressort d'une forme de *pietas* –, soit une forme de respect des obligations, de rectitude de l'intention, voire, dans une acception plus élargie, un sens du devoir. L'acte linguistique désigne ainsi un acte performatif plus insidieux. Déclarer une promesse, c'est endurer le temps, déclarer une guerre à l'imprévisibilité qui lui est inhérente pour maintenir et tenir une parole. Dire, c'est faire. Je ferai ce que je dis. J'effectuerai la tâche que j'énonce, je tiendrai parole en niant d'avance ce que cette parole comporte d'*intenable*. Ma parole se tient par opposition, elle s'accomplit malgré tout, envers et contre tout, sans excuse possible, en dépit des obstacles et de la mort même. Promettre me fait pénétrer dans l'épaisseur temporelle du verbe, m'extrait du phatique pour me faire entrer dans le performatif, du verbal pour me mettre en action. Promettre m'impose de donner de moi pour intervenir dans le monde, me convoque pour transformer la parole en acte, en *agir*, la rendre opérationnelle. Si *dire* une chose, c'est la *faire*, alors *faire* me fait devenir un être responsable, doué d'une conscience morale. La promesse, qui requiert les plus hautes valeurs humaines, les vertus les plus sacrées – l'abnégation et la persévérance, le sens de la responsabilité et du devoir, la détermination et le courage, la dignité et la bienveillance du pardon –, occupe ainsi un statut supérieur dans l'échelle des paroles et des discours. Elle est ce qui fait de l'homme un *homme de parole*.

À l'opposé, de l'autre côté du langage, l'homme qui ne tient pas sa promesse, qui la *reprend* après l'avoir donnée, qui fait donc une promesse en l'air, se voit condamné par l'infamie de son reniement, de sa trahison ; il reste à tout jamais un être *sans parole,* sans honneur, quelque part un Tartuffe, un imposteur, peut-être un hypocrite. Cette idée d'*être sans parole* est intéressante car elle détourne l'acception usuelle du mutisme en la connotant moralement, comme si la parole devait toujours répondre à une efficace pour être positivement considérée et que parler, user de la parole pour promettre, donc, se révélait indigne, condamnait au jugement dès lors que rien n'en sortait ou qu'elle ne concrétisait rien ; comme si, finalement, il était préférable d'être muet – sans parole – que *d'être parlant,* c'est-à-dire parleur, voire beau parleur, si c'était pour faire un mésusage de la parole. L'homme sans parole se trouve dans la posture. S'il existe un nombre infini de postures de promesse, comme nous le verrons plus avant, il existe, néanmoins, peu de figures de la promesse, comme celles que nous venons de dégager ici entre *l'homme de parole* et *l'homme sans parole.*

La force de la promesse doit autant à sa simplicité définitionnelle (« Action de promettre ; ce que l'on s'engage à faire ») qu'à sa richesse conceptuelle, subtilité notionnelle, difficile à appréhender, sur laquelle la philosophie a largement glosé. En effet, de Machiavel à Paul Ricœur en passant, notamment, par Friedrich Nietzsche, Hannah Arendt, Jean-Paul Sartre, Georges Gusdorf, Emmanuel Lévinas, la promesse n'a de cesse d'interroger la pensée, de se théoriser, de passionner les débats philosophiques, que ce soit en analysant son fonctionnement particulier (son rapport à la sacralité et à autrui, à la morale et à l'éthique, son irréductibilité et son inconditionnalité) ou les problématiques et les valeurs humaines qui la traversent (la loyauté, la générosité, le respect, la fidélité, la persévérance, la confiance, la reconnaissance). En effet, la promesse nous paraît simple à penser parce nous en avons tous l'expérience. Promettre, nous l'avons tous fait au moins une fois dans notre vie et, de même, nous avons tous accueilli la faveur d'une promesse. Nous avons tous promis et nous avons tous été *promis*, pour le dire ainsi. De sorte que nous en possédons tous un savoir empirique, suffisant pour en témoigner, parvenir à l'appréhender, circonscrire ses enjeux. Notre histoire recèle une somme de promesses résolues et irrésolues, de paroles données et reçues, qui nous ont engagé dans un processus de solidarisation et nous ont procuré des émotions positives ou négatives, des satisfactions et des déceptions. Il nous arrive de promettre comme il arrive qu'on nous promette. On nous a déjà promis monts et merveilles comme, par exemple, de nous emmener dans le pays de nos rêves ou de nous aimer toujours, on nous a habitués à croire à quelque chose comme à un futur meilleur ; certaines fois ces promesses se sont réalisées, d'autres fois, non, par impossibilité, par incapacité ou simplement par négligence. Ces promesses en l'air, dont nous avons été tout à la fois les auteurs et les victimes, nous ont appris les dangereux excès du langage, les limites d'une parole vertueuse. Telle expérience ne manque pas de nous prévenir du risque des promesses et, par conséquent, de nous les faire envisager avec prudence. On nous a tellement « promis » que nous sommes pour ainsi dire vaccinés par les supposés engagements et que nous n'accueillons plus la parole d'autrui qu'avec une certaine circonspection, un sage scepticisme. Dans le même temps, si nous avons été affublés de promesses, nous avons nous-mêmes promis à tort et à travers sans toujours tenir parole, jusqu'à décevoir parfois ceux que nous aimons, si bien que nous hésitons légitimement désormais, au moment de promettre de nouveau, à nous engager en paroles et nous ne le faisons plus qu'à coup sûr, uniquement lorsque nous avons la certitude de pouvoir tenir parole, après avoir éliminé les probabilités d'un éventuel échec. Si nous ne souhaitons pas être déçus par une promesse non tenue, nous ne souhaitons pas non plus renoncer à notre parole, il y va de notre honneur. Et nous voyons bien, de fait, combien la simplicité de ce concept n'est qu'apparente puisque les incidences que cette idée cause dépassent son territoire d'appréhension : la promesse nous fait passer par des émotions contradictoires, elle forge notre méfiance par rapport au langage en nous éduquant à nuancer les formes de l'expérience de la promesse, soit en nous montrant sa complexité comme la difficulté à la définir. La notion de promesse s'est effectivement vulgarisée au point de se synonymiser excessivement – avec l'obligation, l'assurance, le contrat sous-seing privé, la garantie, la convention, la pollicitation, la prédiction, etc. – et de se confondre avec d'autres notions sœurs comme l'engagement et le serment. Chaque promesse se trouve déterminée par l'intensité d'un engagement, son coefficient de faisabilité et son degré de difficulté, puisque si, en théorie, promettre c'est faire, en pratique, ce n'est pas toujours pouvoir faire. Car il y a de vraies et de fausses promesses, des authentiques et des mensongères, des paroles en l'air et des paroles fragiles, des serments définitifs ou furtifs, des promesses qui prédisent l'avenir ou annoncent des signes précurseurs, des paroles destinées à faire croire ou à donner à espérer. Une promesse n'est pas produite par la même intensité *promessiale* – que l'on me pardonne cet affreux néologisme ! – suivant le contexte de son énonciation. Il existe, en conséquence, une infinité de promesses dont il serait impossible d'épuiser exhaustivement la liste : nous promettons juste pour faire plaisir et avoir la paix sans pour autant avoir l'intention de satisfaire celui auquel on promet ; nous donnons notre parole sans penser un instant à la réaliser, ou bien parce que nous savons que cette promesse possède peu de probabilités de se réaliser ; nous faisons des serments que nous romprons demain comme Verlaine dans son poème « Lassitude » ; nous projetons une promesse dans une personne, un objet, une saison, nous nous croyons appelés par une parole subliminale, et voyons, par exemple, dans l'aube – une aube qui n'évoquera peut-être rien pour d'autres – une promesse du monde, dans le printemps la promesse d'un bonheur. Nous percevons tel talent dans le sport comme une promesse qui, sans doute, n'éclora jamais ; nous tentons de fabriquer *des promesses* à travers de jeunes individualités talentueuses – des « phénomènes », des « pépites » – que nous formons, dans lesquelles nous investissons en mettant tout en œuvre pour en faire des champions (dans un but lucratif, les parents de jeunes joueurs de football préparent leur très jeune enfant à devenir professionnel, ce que l'on appelle le projet Mbappé), etc. Ces quelques exemples, à vrai dire, paraissent davantage définir ce que nous pourrions convenir d'appeler des *postures promessiales*, soit des situations et des attitudes où la promesse s'exprime, se manifeste, se fabrique, mais qui révèlent parfois des impostures de la parole, lesquelles conduisent le plus souvent à décevoir.

De telles postures compliquent sérieusement toute tentative pour circonscrire des figures de promesse et participent de la confusion relative à son acception dont, la plupart du temps, nous abusons le sens. Nous prenons ainsi une promesse pour un serment, un serment pour un engagement, un engagement pour une obligation, sans délimiter précisément la nature profonde de leur participation spécifique. Le serment se définit comme une obligation publique, cérémonielle, d'accomplir une action ou un devoir le plus honorablement possible, de la façon la plus déontologique (par exemple, le serment d'Hippocrate impose au jeune médecin, au moment d'être admis à exercer la médecine, de s'engager solennellement devant son autorité de compétence à remplir sa mission en promettant de demeurer fidèle aux règles, aux lois de l'honneur et de la probité. Son serment, comme s'il ne suffisait pas, s'agrémente d'une promesse déontologique) ; ce que nous appelons « prêter serment ». Cette locution verbale intéresse particulièrement en ce qu'elle s'oppose à la définition de la promesse qui désigne une parole donnée : on prête un serment, mais on donne une parole, laissant entendre que le serment peut être repris. Celui qui promet ne prête pas serment, mais celui qui prête serment, lui, promet. Ce qui change relativement les choses. N'omettons pas de préciser que le serment se prête en public tandis que la promesse se profère en privé ;

à une déclaration qui, semblable à une posture, se spectacularise et s'adresse à une communauté, s'oppose une déclaration privée, intime, s'énonçant à l'ombre des mots, dans la cave du langage.

Au reste, cette distinction ajoute un nouvel élément de compréhension au fonctionnement de la promesse que, jusque-là, nous avions réduit à son rapport fondamental au langage, au fait de se dire ou de se taire, en distinguant la *promesse tue* de la *promesse parlée,* et en montrant comment la promesse se déployait sur un mode essentiellement binaire, soit dans un *devenir parole,* soit dans un *faire silence.* Toutefois, que la promesse se dise ou se taise, elle s'adresse toujours à quelqu'un, œuvre sans relâche pour lui, et c'est pourquoi une réflexion sur la promesse ne peut finalement s'y réduire si elle ne prend pas en compte des contextes et des circonstances dans lesquelles la parole se tient. Car il existe sans doute des différences entre le fait qu'elle se tient dans une sphère privée ou dans une sphère publique, mondaine pour ainsi dire : le contexte peut, sinon déterminer, du moins influer considérablement sur l'effectuation de la promesse. Promettre dans une sphère publique peut dynamiser favorablement le déposant en lui transmettant un sens de la responsabilité et du devoir collectif, mais elle peut tout aussi bien l'inhiber et le charger d'une pression inutile.

S'interroger de la sorte à propos de notions sœurs peut donner l'impression de chipoter à propos de termes dont l'acception commune signifie à peu près la même chose et, en l'occurrence, paraît définir le même type d'engagement ; or il n'en est rien, et ces notions, en relation de synonymie, parasitées de sens par leur riche sémantique, recouvrent précisément des réalités bien différentes. Il en résulte ainsi un usage souvent excessif, erroné, de son verbe, *promettre*, qui finit par ignorer son acception première. Ce verbe est si familier que nous en venons à le confondre avec un autre, *s'engager* : par exemple, quand nous promettons de nous rendre à une soirée, nous ne faisons le plus souvent qu'affirmer fortement un souhait, mais sans pour autant nous obliger, nous impliquer, prendre un engagement ni nous investir réellement. En invoquant la promesse dans ce contexte nous essaierons, plus simplement, de nous rendre à cette soirée, mais sans non plus faire tous les sacrifices pour y assister. Il s'agit là encore d'une posture, d'une parole de politesse, mondaine, qui ne s'oblige à rien, ou, pour le dire autrement, d'une promesse qui ne promet rien. Or, et nous le verrons plus loin, ce qui définit strictement la promesse, c'est son inconditionnalité, son irréductibilité, c'est l'obligation où elle est d'obtenir un résultat ou de concrétiser une parole. En définitive, la notion de promesse n'est comparable à aucune autre, et nous nous trompons en substituant son terme à d'autres, en faisant de celle-ci un banal engagement. Car la promesse n'est pas un engagement comme les autres qui se réduiraient à une participation passive, mais elle doit se comprendre dans un rapport pragmatiste à la parole : en effet, si promettre, c'est s'engager, en revanche, s'engager ne revient pas forcément à promettre, et surtout, promettre n'est pas seulement s'engager, c'est surtout s'engager à réussir ; c'est un acte qui suppose et impose, en fin d'exercice, l'obtention d'un résultat.

Ce qui interroge encore, c'est que l'expérience de la promesse nous convoque expressément dans le champ de la morale en proposant un contrat spécifique, paradoxal, dépassant de loin les termes du contrat tacite entre le promettant – ou le déposant – qui s'engage à garantir un résultat, et le receveur qui, lui, attend, reste redevable tout en ayant la possibilité de demander des comptes. Notons, déjà, que si la promesse nous fait entrer dans le champ des rapports intersubjectifs, des rapports de sujet à sujet, c'est de manière assez particulière puisque son rapport à l'autre ne fonctionne pas comme un dialogue mais comme un monologue de soi à soi pour un autre. Nous le savons, le fait de promettre crée un lien de confiance qui formalise la conduite du promettant, cet individu responsable devant lui-même et devant autrui, enserré dans une relation d'obligations et de devoirs, doté de qualités morales importantes et de forces de la personnalité, comme la loyauté, la constance, la consistance, la détermination, l'endurance, le sens de l'honneur et de la responsabilité, qui tâche d'identifier son être à un devoir-être, et de se conformer à sa parole. Nous sommes responsables de la parole que nous donnons et qui n'est plus seulement gratuite, *dite pour dire*, faire de l'effet, produire des apparences, et rien ne saurait nous dédouaner de cette parole. Chose promise, chose due. La parole doit être effectuée, se transformer en acte. L'idée du devoir s'accole directement à la promesse, mais il ne s'agit pas tant d'un devoir imposé que d'un devoir que nous nous imposons, un devoir qui vient de nous-mêmes et dont nous nous instaurons responsables, un devoir qui ne répond à aucune demande extérieure et ne provient pas d'un ordre. Que promettre engage notre responsabilité et que notre sens du devoir fasse de cet engagement une expérience profondément éthique n'exempte cependant pas cet engagement d'une grande ambiguïté déontologique, puisque nous pouvons promettre d'accomplir un acte immoral, dérogeant aux règles et aux normes d'une société donnée. Autrement dit, et c'est ici que se joue le caractère spécifique de ce contrat, si la déontologie regarde le promettant, elle ne regarde pas pour autant la nature de son acte. Sous cet angle, l'éthique importe d'autant moins au promettant qu'il sait accomplir, juste en respectant sa parole, un acte infiniment vertueux, en rendant justice dans l'illégitimité ; la promesse reste éthique même en accomplissant un acte immoral, et, en ce sens, elle favorise la transgression des limites. Que son acte contrevienne à la loi et à la justice des hommes manifeste tout le paradoxe déontologique de la promesse prompte à servir le bien comme le mal, ou le bien pour le mal, capable de déjouer les représentations ordinaires du manichéisme : promettre peut nous faire bien agir pour un individu en produisant le mal d'un autre, sa dimension morale est immorale en quelque sorte. De fait, la promesse fait imploser le champ de l'éthique dans lequel elle s'inscrit pourtant, puisque tout en se faisant un devoir de respecter une parole, elle se fait liberté d'agir en contrevenant aux règles de son champ, en plaçant le promettant au-dessus des lois. Préférant parfois la morale individuelle à la morale collective, elle s'offre comme une parole de l'affranchissement et de l'émancipation sociale.

D'où nous vient, au fond, le désir de promettre ? Quel motif nous pousse à tenir une parole qui nous alourdit d'une charge considérable et d'une responsabilité supplémentaire en nous imposant des devoirs, des sacrifices, nous coûte en temps aussi bien qu'en énergie ? Naturellement, les motifs sont nombreux et découlent, le plus souvent, du souhait, assez moral, d'œuvrer pour autrui, d'agir pour lui, de l'aider, de contribuer à améliorer sa vie, à la faciliter. Si la bienveillance se trouve d'évidence à l'origine du désir de promettre, j'aimerais pourtant hasarder l'hypothèse que le désir de promettre se trouve profondément lié à notre rapport au langage, dont il entend restaurer la puissance raisonnable, le rendre à sa vérité. Promettre, c'est-à-dire excepter une parole de toutes les autres, trahit indirectement notre incroyance générale dans le langage : nous avons besoin de promettre parce que le langage nous paraît de faible portée, nous insistons pour tenir une parole parce que dans leur ensemble, les paroles nous semblent vaines, ne se tiennent pas, communiquent sans communier. Dans le mensonge que constitue pour nous le langage, la promesse nous apparaît comme une voix de la vérité, une parole agissante, non seulement la seule capable de se traduire en acte mais aussi la seule parole capable d'agir favorablement pour autrui, de le rencontrer. Avoir une expérience de la promesse revient donc à se frotter au langage dans sa forme pragmatiste et agissante, concrète, finalement peut-être la plus physique.

L'importance du sous-titre, *échapper aux vaines paroles*, insiste sur un aspect de la promesse qui, dans la somme impressionnante constituée par la glose philosophique relative à la promesse, n'a, à ma connaissance, pas été abordé. La vanité langagière caractérise notre société surinformée, se gargarisant de verbiages infertiles, et apporte un contrepoint stimulant, permettant de renforcer notre point de vue, notre vision sacrée de la promesse. Ainsi cet essai porte-t-il sur la *parole tenue*, celle qui fédère et solidarise les individus, celle qui honore, rend digne de confiance, en conséquence de quoi il porte naturellement sur les *paroles sans tenue*, les promesses en l'air et autres discours de séduction. Nous dotons ici la promesse d'un tel pouvoir et d'une telle valeur que nous entendons évidemment montrer la promesse comme une solution, pour ne pas dire un remède, à notre société des discours. Promettre nous sauve du langage et nous permet d'échapper à son inanité. L'ouvrier dévoué à son travail, le médecin loyal respectant ses patients, l'amoureux fidèle au serment, l'alcoolique jurant d'arrêter de boire, le poète extrayant la quintessence de la langue, le malfrat reconverti ou même le mafieux ne trahissant pas leur parole d'honneur : tous ceux-là, aux destins si différents, voient dans la promesse une vérité du langage, ils croient fermement à la parole donnée, à la possibilité d'échapper aux vaines paroles et de se mettre en retrait du monde. Se soustraire aux paroles futiles ne garantit pas d'y réussir puisque certaines promesses elles-mêmes peuvent être vaines, inutiles. Il ne va donc pas tellement de soi, contrairement à ce que nous pourrions penser, d'opposer la promesse aux vaines paroles, s'il existe autant de fausses paroles, des paroles qui se donnent et se reprennent, des promesses qui n'en sont pas tout à fait, des promesses en l'air, aussi vaines, inutiles, inefficientes, de fausses promesses qui ne prennent pas la peine de se concrétiser, qui se consument avant leur péremption, et qui, en réalité, sont des postures de promesses. Il n'en demeure pas moins, cependant, que notre volonté de les opposer répond à un souci de catégoriser la diversité de ces paroles, voire de les hiérarchiser en fonction de leurs propriétés et de leurs qualités respectives. Dans l'Évangile selon Matthieu, rédigé vers 80 avant J.-C., ce souci était, au reste, déjà présent : « En priant, ne multipliez pas de vaines paroles, comme les païens, qui s'imaginent qu'à force de paroles ils seront exaucés. » Les paroles vaines dont il est question ici désignaient en réalité des « redites », des répétitions, toutes ces paroles émises sans rien apporter, ces pléonasmes qui, en bégayant inutilement le langage, contrefaçonnent notre pensée et notre sincérité. Prier n'est pas une compétition où il s'agirait de phraser, de rivaliser en belles paroles dépourvues de sens et éloignant de la rencontre avec le Créateur, mais une rencontre avec le Créateur. La promesse conserve un aspect de cette prescription biblique qui impose, pour rencontrer et respecter, de rechercher la vérité dans nos actions.

S'engager à quoi ?

La promesse abandonne à un temps suspendu, indécis, soucieux, au terme duquel la concrétisation ou la non-concrétisation de la parole décidera de sa qualité même de promesse, de son statut et de sa valeur réelle. Dans cette suspension du temps réside tout l'enjeu de cette parole située quelque part entre son énonciation et sa réalisation, dans le territoire illimité de l'incertain, hormis dans le cas où cette parole serait conditionnée par une échéance : « Je te promets de faire ceci avant la fin du mois. » Cette parole est précisément de l'incertain qui tente vaillamment et obstinément de circonscrire la volonté pour s'en acquitter ; elle se vit tout à la fois dans l'inquiétude de ne pas être honorée et l'impatience de l'être, paradoxe qui la structure et lui confère sa dramaturgie. Promettre revient alors à faire une expérience du paradoxe, de l'équivoque, si promettre engage à tenir sa parole, mais engager une parole ne promet aucun résultat, si énoncer une parole risque à tout moment de nier mon engagement, de le trahir et d'entraîner fatalement de la désillusion et de la culpabilité. Dans la difficulté à s'accomplir ne se vérifie pas forcément la sincérité de la promesse mais sa capacité propre d'évacuer d'éventuels doutes ; sans manifester d'insincérité ou de mauvaise volonté, il est possible de ne plus se trouver en mesure de tenir parole, pour avoir présumé de ses compétences à la réaliser, mésestimé des obstacles extérieurs ou préjugé de ses forces ; mais alors, est-ce pour autant que je cesserais d'être une personne de parole ? Non, dans la mesure où je me suis employé comme j'avais prévu de le faire, ou je pense avoir déployé tous les moyens que j'avais à disposition, je n'ai pas réalisé cette promesse mais, pour autant, je n'ai pas démérité ni véritablement trahi ma parole. Cela ne fait pas de moi un traître mais, assurément, un homme présomptueux, incapable de s'évaluer et d'appréhender une situation. Ce n'est d'ailleurs peut-être pas tant l'échec ou la réussite qui détermine ma capacité ou non d'être une personne de parole, que la somme des efforts déployés, toute la sincérité et la détermination régulière mises pour réaliser ma promesse. Par exemple, je suis un athlète professionnel qui se promet de remporter une médaille olympique et, pour ce faire, je travaille durement, avec abnégation, pendant plusieurs années, je ne laisse rien au hasard et mets tout en œuvre pour réussir mon projet, remporter la compétition de la discipline où j'excelle, en m'entourant de conseils de coachs avisés, de psychologues pour me préparer mentalement. Arrive la compétition durant laquelle je dépasse mon record personnel mais sans remporter la compétition : ma performance me place quatrième, au bord du podium ; et si, certes, je n'ai pas réalisé ma promesse, je ne peux rien me reprocher car je n'ai pas démérité, ayant simplement eu la malchance de concourir avec trois athlètes plus performants que moi. L'infatigable volonté que j'ai mise pour tenir ma promesse cesse-t-elle pour autant de faire de moi une personne de parole ?

Cette promesse, entièrement tendue vers son accomplissement, n'était pas une parole en l'air, gratuite, comme l'intensité de mes efforts l'a démontré. J'ai fait tout ce que je pouvais jusqu'à battre mon record personnel, j'ai donné le meilleur de moi-même et j'ai accompli ce que jamais je n'avais accompli, mais cela n'était pas suffisant. Ma promesse ne dépendait pas seulement de moi. Mais il en va autrement bien entendu si je n'ai pas fait tous les efforts ni mis toute la volonté pour la réaliser, si je me suis montré dilettante, ou bien si j'ai vaniteusement préjugé de mes capacités, car alors la promesse était irréalisable dès sa formulation. Si je me promets de remporter une compétition professionnelle alors que je pratique le sport en amateur, sans avoir le temps ni la possibilité de m'entraîner suffisamment pour rattraper mon retard, combler mes lacunes physiques, alors ma promesse sera d'emblée vouée à l'échec. Dans ce cas, mon erreur initiale de jugement aurait raison d'une promesse intenable. Tenir parole implique ainsi tout à la fois de ne pas abuser du langage, de ne pas préjuger de ses capacités comme de s'engager dans un projet raisonnable, et donc réalisable.

L'argument de l'excuse, qui, pour une raison ou une autre, me met dans l'incapacité de tenir mon engagement, est précisément ce qui m'empêche de confondre l'acte de promettre avec celui de m'engager. La possibilité admise d'une excuse, l'éventualité même que l'excuse puisse se présenter, que mon échec puisse être justifié relativisent le pacte que j'ai scellé, en expriment toute la fragilité : en effet, si promettre ne tolère d'avance aucune excuse, aucune condition, aucune circonstance atténuant mon retrait, m'engager, en revanche, les tolère et permet, par la simple excuse, de m'exonérer de ce pacte. L'excuse dévoile la nature profonde de l'engagement, distingue ce qui relève d'un engagement inconditionnel comme la promesse ou d'un engagement conditionnel comme un serment. On peut même dire que l'excuse rend parfaitement absurde la parole donnée, qu'elle ôte à la sacralité de l'engagement non seulement sa puissance, sa condition d'agir mais aussi et surtout, en conséquence, toute sa raison d'être une promesse. Si, pour un motif ou un autre, je peux me dédire, retirer à chaque instant la parole que j'ai donnée, alors s'engager en parole ne signifie plus rien, se réduit à être un acte de langage commun, profané dans son principe. Pour le dire autrement, l'engagement admet l'excuse que la promesse exclut, et le seul fait d'envisager un obstacle, une contrainte, un empêchement à la résolution d'une promesse ne fait que définir, en réalité, les paramètres d'un simple engagement, dans la mesure où la promesse, elle, contrairement à l'engagement, s'offre sans condition et sans limite. Il s'agit d'une parole jusqu'au-boutiste qui n'envisage pas la finalité de son projet, et qui se trouve, de fait, dépourvu de finitude. Lorsque Antigone décide, contre la volonté de son oncle, le roi Créon, d'enterrer son frère Polynice, considéré comme un traître à Thèbes, sa détermination est si puissante qu'elle ne craint ni d'agir contre la loi ni d'affronter la violence du despote Créon. Rien ne peut la contraindre, rien ne peut l'interdire. La prudence, supposée être de mise dans pareille circonstance, et la nécessité d'évaluer le contexte avant de passer à l'acte n'existent même pas pour elle ; la mission qu'elle s'est fixé de remplir, aucun pouvoir ne peut l'empêcher, elle l'accomplit sans calculer, au détriment de sa propre vie. Sa promesse est formative : elle se promet d'offrir une sépulture digne pour honorer son frère et elle le fait. Son geste décidé ne laisse pas de place à l'incertitude. Promettre, c'est faire ce que l'on dit, coûte que coûte, quitte à en payer le prix, quitte à risquer d'en mourir. Antigone assumera d'ailleurs son acte lors de son arrestation au motif que les lois divines surpassent les lois humaines. Sa détermination, ainsi puisée dans la certitude de faire justice, dans l'assurance d'être dans son bon droit, non seulement lui ôte toute appréhension, mais lui prête puissance jusqu'à démultiplier son courage, l'incite à ne pas mollir face aux possibles représailles. Pour Antigone, l'acte importe beaucoup plus que les mots. Sa résolution, guidée par une croyance en des lois divines, est ferme. De même, quand je promets, je me sens investi d'une énergie transcendante, à tout le moins d'une certitude que je me forge et que je n'imagine pas un instant trahir : sans doute tous les sentiments intenses, comme le désir de vengeance, le souci de l'honneur, qui imposent d'agir empêchent-ils de douter d'une promesse qui se nourrit d'une foi supérieure, peut-être d'un sentiment extrême de la fatalité. L'acte cesse d'être une perspective possible, et même une perspective probable, pour épouser la voie d'un destin comme celle de la fatalité : j'agirai fatalement puisque j'ai promis, cela ne fait aucun doute, rien ne pourra me dissuader de faire de ce que j'ai dit. C'est seulement une question de temps. La promesse attend juste l'heure favorable et propice à son accomplissement.

On m'objectera, avec raison, qu'il existe malgré tout de bonnes excuses pour ne pas accomplir ce que je promets, des excuses de bonne foi qu'il me sera facile d'arguer pour ne pas tenir mon engagement. Les excuses et les raisons empêchant la promesse de se concrétiser, nous les connaissons, que celles-ci découlent de difficultés physiques, d'un contexte défavorable ou bien d'un manque de discernement initial (ce n'est pas par nonchalance mais bien faute de ne pas avoir pensé et pris conscience des obstacles que rencontrerait mon projet que je ne l'ai pas réalisé). Ma faculté à tenir parole dépend autant de ma volonté tenace que de ma capacité d'envisager un contexte : un manque de discernement au moment de déclarer une promesse la condamne d'emblée. Sans compter toutes les autres excuses, légitimes : si, par exemple, je m'engage à aider un proche à déménager son appartement, mais que la veille je me casse le bras, je ne serai, par conséquent, et naturellement, plus en mesure d'assumer mon engagement, et mon invalidité inopinée constituera une excuse toute trouvée, qui me libérera naturellement de mon engagement ; de fait, ce proche ne pourra rien me reprocher dans la mesure où je ne suis plus en mesure de lui apporter mon aide. Une telle excuse légitimera mon retrait. Il va de soi qu'un accident de ce type m'excusera ou une maladie quelconque me dédouanera de mon engagement qui, implicitement, induit et tolère la contrainte, l'empêchement, ses limites comme ses horizons ultimes : mon engagement comprend et tient compte de l'éventualité des aléas de la vie, de la potentialité des obstacles s'y opposant. Telle excuse de bonne foi se révèle être justement ce qui fait du serment un engagement ordinaire, moins fort, que la promesse qui, dans son radicalisme absolu, proscrit d'avance la moindre excuse, y compris celle de la mort du déclarant, une promesse étant faite pour être tenue, avant et avec la mort, par-delà la mort, même. En somme, si je me casse le bras, je me débrouillerai alors pour trouver mon remplaçant, d'autres bras forts et aidants, et je me rendrai sur les lieux du déménagement pour apporter mon soutien d'une autre manière, en dirigeant et en ordonnant les opérations, par exemple, voire pour aider avec mon autre bras en portant des objets plus légers. Tandis que l'engagement trouve un prétexte pour éviter de se tenir, la promesse renonce catégoriquement à se chercher une seule excuse. Je ne peux ajourner une promesse et je ne peux pas mourir avant d'accomplir une promesse. Même la mort n'est pas permise. La mort oblige justement. Si je n'accomplis pas ma promesse avant de mourir, c'est que je n'étais pas assez prévoyant ou que je ne voulais pas assez la réaliser ; j'ai fait preuve de négligence et j'ai manqué si fort de discernement au point de ne pas envisager que je pouvais mourir, au point de ne pas me rappeler que j'étais mortel. Promettre interdit de revenir sur mes paroles, sur ce qui a été dit. Rien, absolument rien, ne peut servir d'excuse pour en annuler la validité. À partir du moment où j'ai promis, l'invalidité, l'épuisement de mon envie de tenir cette promesse, l'émoussement de ma volonté et de mon désir ne pourront rien faire pour m'empêcher de la réaliser. La promesse est inconditionnelle. Alors que l'engagement est toujours conditionné aux caprices de la contingence, à la probabilité de survenance de tel empêchement ou de telle contrainte, *à l'éventualité de* (qu'il arrive quelque chose, un événement, un accident), *à la condition de* (par exemple : posséder les moyens financiers, se trouver en santé), la promesse, elle, triomphe de toutes les contingences, elle pulvérise tous les doutes et toutes les interrogations existentielles, elle traverse toutes les épreuves, transcende tous les obstacles pour s'accomplir pleinement par-delà les territoires et les limites impérieuses de la finitude. C'est de son inconditionnalité et de la radicalité de son engagement que naît incontestablement la promesse, l'authentique promesse, la promesse de toutes les promesses, celle qui, sans excuse et dans n'importe quelles circonstances, accomplit ce qu'elle dit, fait performer la parole jusqu'à établir et respecter les principes d'une relation éthique. Une promesse fondamentale, principielle, dont les fondements, la puissance et la certitude d'engagement reposent précisément sur cette « promesse d'avant la promesse » qu'évoque Paul Ricœur dans *Parcours de la reconnaissance*, cette promesse absolue, naturellement prophétique, de tenir promesse quoi qu'il arrive, contre et malgré tous les obstacles qui pourraient se dresser pour l'empêcher.

Au cœur de cet extrême engagement, inébranlable, promettre fait pénétrer dans une dimension illimitée de l'espace ou, si l'on veut, dans l'infini, promettre revient à abolir l'espace fini, à nier jusqu'à la mort la possibilité de se dédire et de trouver une excuse avant la survenue de celle-ci. Que la mort ne soit pas une condition, qu'elle ne puisse servir d'argument d'excuse, qu'elle soit irrécusable, en somme, résume l'essence même de la promesse, sa soumission à la fatalité d'une parole, d'une parole particulière, dont le caractère prophétique aide à maintenir le promettant dans sa foi, à ne jamais l'en détourner. Cette essence qui rend la mort insignifiante invite de la sorte le promettant à incarner la figure du héros par excellence, le héros vaillant, sans crainte, insouciant, pour lequel la mort n'est rien et, surtout, ne peut constituer une justification. Un héros condamné à réaliser sa prophétie, dont la fiabilité n'est pas discutable, sur lequel on peut absolument compter parce que sa parole importe plus que les conditions de la réalité – alors que sa figure opposée serait à rechercher dans celle déshéroïsée de l'individu désengagé, dépeint par Marcel Gauchet dans plusieurs de ses livres, notamment *Le Désenchantement du monde* et *L'Avènement de la démocratie*. Un individu sans relation à autrui dans une démocratie désenchantée, rétif à s'engager en promesses pour se dérober aux obligations que celle-ci requiert. À la différence de l'engagé qui conditionne sa démarche, qui entrevoit toutes les contingences et s'y soumet, qui se situe toujours prudemment, sagement, au-dessous de la mort, le promettant, dans son radicalisme héroïque, incarne la figure de l'inconditionnel, celui qui s'offre ainsi comme la transcendance même d'une mort dont il a naturellement intégré la possibilité sans en tenir compte, une mort qui ne constituera jamais ni un obstacle ni une excuse.

Une question, ou plutôt, une contradiction s'impose à partir de ce constat. L'obligation de réaliser la promesse ne peut-elle pas, de la sorte, être nuancée, modérée, afin de voir s'il n'existe pas une promesse inefficiente, une promesse qui demeurerait malgré tout promesse sans se réaliser, une promesse qui se désavouerait sans pour autant trahir, qui abandonnerait sa mission ou la déserterait en continuant d'y croire, qui renoncerait sans se renier. N'existerait-il pas, en effet, une promesse inefficace, qui néanmoins ne perdrait aucun de ses attributs et continuerait de respecter une morale ? Par exemple, si je promets à une personne de réaliser un travail important pour elle, et que cette personne en vient malheureusement à décéder durant l'exercice, mais que, en dépit de son décès, je m'efforce, simplement pour faire honneur à sa mémoire, de réaliser cette promesse, j'aurai certes accompli ma mission et n'aurai rien à me reprocher, mais alors rien ne justifierait plus cet effort sinon le devoir que je m'imposais et le désir d'avoir bonne conscience ; il n'en resterait pas moins que ce décès aurait rendu ma promesse inefficiente, pour ne pas dire absurde, puisque cette promesse ne serait réalisée pour personne. De même, pour fournir un nouvel exemple : si je renonce subitement à accomplir la promesse dans laquelle je me suis engagé, au motif que cette promesse, depuis le temps où elle s'est énoncée, n'offre plus d'intérêt à être réalisée et, surtout, n'avantagera plus celui auquel elle se destinait, qu'adviendra-t-il de la moralité de cette promesse ? Ne pouvons-nous pas ainsi avancer que toute promesse recèle son propre désaveu, l'imminence de son abandon, voire de son reniement, et que sa force ne se trouve pas justement dans le paradoxe qu'elle prend soin de ne pas énoncer mais qui la forge, à savoir que la promesse ne fonctionne que sur le principe du risque qu'elle comprend, son possible et imminent désaveu ?

De fait, s'il faut sans doute penser contre la promesse pour mieux la circonscrire, l'aborder par défaut pour se demander ce qu'elle nie et dissimule, raisonner sur ce qui promet revient à raisonner en contre-point sur ce qui ne promet pas ou ne promet plus. Dans cet esprit, nous devons considérer tout ce à quoi nous attribuons de façon erronée un pouvoir de promettre, par exemple l'amour qui nous promettrait le bonheur, ou le travail qui, en plus d'assurer notre genre de vie, promet de nous accomplir. Mais, en vérité, ni l'amour ni le travail ne nous promettent quelque chose, et c'est nous qui, pour nous rassurer, espérer un avenir meilleur, échapper au quotidien, voulons voir dans l'amour cette promesse, seulement nous qui souhaitons attribuer au travail un pouvoir dont il est dépourvu. Cette promesse que semble comporter en son sein l'amour ou le travail est avant tout un réconfort, une motivation, une manière de donner un sens à sa vie ou de la rendre moins absurde, un moyen de se vouloir heureux et de renouer avec soi, une sorte de projection que nous faisons dans le but de nous contenter. De même que tout *ce qui promet* risque de décevoir, menace à chaque instant de se désavouer, de transformer la parole tenue en parole vaine, tout *ce qui ne promet pas* finit par nous promettre quelque chose, non seulement parce que la promesse est contenue dans toute chose comme dans tout être, mais parce qu'elle comble en nous l'*impromis*, notre part insatisfaite, abandonnée et vacante, tout ce qui n'a pas été promis, expérimenté, éprouvé.

Parler pour parler

Promettre à tout va est sans doute l'inclination naturelle des individus vivant dans une société d'hypercommunication, où la parole se démultiplie à l'excès sans forcément se réfléchir, une société qui indifférencie les paroles entre elles et déconstruit leur valeur en ne sachant plus les hiérarchiser, en ne s'entendant plus non point sur ce que serait une *bonne parole* mais sur ce que serait une parole de vérité. Si toutes les paroles s'équivalent, alors plus aucune ne possède d'importance. Nous le constatons aisément, chaque jour, sur les réseaux sociaux où chacun s'autorise à donner son avis, où les tweets d'experts sont aussitôt escortés de commentaires d'amateurs, de critiques et de contestations d'internautes qui, sans toujours posséder les connaissances requises, interviennent pour gagner de la visibilité. Cette redistribution participative de la parole n'est pas démocratique pour autant, elle en propose le simulacre puisque son système de valeurs fondé sur la liberté et l'égalité ne respecte aucune compétence, puisque sa liberté est aussi bavarde que vide, et que son égalité, de pure apparence, ne vaut que le temps d'un tweet et l'espace de quelques caractères. L'espace surinformé des réseaux fait croire qu'il restitue le pouvoir de parole au peuple internautique, mais il n'en est rien, puisque chacun regagne ses pénates après s'être soulagé en disant ce qu'il pensait, en critiquant, en crachant son venin, en dénonçant, sans modifier le cours des choses, les statuts des uns et des autres, à la fin sans rien révolutionner du tout. Cette digression autour de la parole vise à montrer sa vanité, sa viduité, la façon absurde dont elle se démocratise dans un système finalement autoritaire, contrôlant ses excès, défaisant ses valeurs absolues, et favorisant, en conséquence, et sous couvert d'une démocratie qui porte mal son nom, l'ignorance et l'incompétence des discours, le bavardage et la falsification des savoirs, le divertissement des sociétés ultralibérales. Dans ce contexte, où s'émet une parole essentiellement cathartique, la promesse s'affirme comme une énonciation de valeur, fiable, authentique, et intéresse de manière paradoxale, en ce qu'elle s'excepte de la masse discursive et ne s'inscrit pas dans la circulation des autres propos, en ce qu'elle contredit le principe même de l'expression : sa parole parle moins qu'elle n'agit. Sa valeur se comprend par rapport à la vanité de toutes les autres formulations. S'il est plus difficile de se faire entendre dans le bruit, de se faire voir dans le nombre, il est au moins remarquable qu'une énonciation, telle que la promesse, se distingue à ce point.

Il convient cependant de se méfier des oppositions binaires, trop radicales, trop extrêmes, confrontant une chose à son contraire, sachant que la vérité, souvent médiane, se situe dans les interstices et les paradoxes. C'est pourquoi si la promesse s'oppose aux paroles vaines, elle n'est pour autant pas dépourvue d'une certaine vanité, puisqu'il y a des manières de promettre sans intention de tenir parole, des promesses qui ne veulent pas promettre et qui préfèrent la vérité au mensonge, comme dans la fameuse chanson écrite par Jean-Jacques Goldman, interprétée par Johnny Hallyday en 1986 :

> Je te promets le sel au baiser de ma bouche
> [...]

Je te promets des jours tous bleus comme tes veines,
Je te promets des nuits rouges comme tes rêves
[…]
Et même si c'est pas vrai, si on te l'a trop fait,
Si les mots sont usés comme écrits à la craie
[…]
On peut juste essayer pour voir.

La promesse questionne les artistes pour mettre en évidence ses dangers – comme son pouvoir mensonger –, mais un danger en quelque sorte bienfaiteur attaché à la production d'une croyance ; ainsi la promesse apparaît-elle ici moins comme une posture de croyance que comme l'expression esthétique de la croyance, elle ne désigne pas un simple *faire croire* puisqu'il ne s'agit pas de leurrer, de tromper, mais de faire semblant de croire tout en restant lucide, éveillé, tout en sachant que cette parole ne se tiendra pas et en faisant comme si elle était vraie, comme si elle allait se vérifier.

La promesse se définit par une infinité de postures que prend la parole quand elle répugne à se tenir, une variété de paroles du vrai, des promesses en l'air qu'il m'arrive d'émettre, plus ou moins malgré moi, dans l'euphorie d'une circonstance, en promettant un déjeuner, de revenir visiter un proche – minuscules promesses phatiques que j'espérais sincèrement réaliser au moment où je les énonçais, amicalement ou cordialement, sans entrevoir les difficultés, les conséquences du passage du temps sur mon désir, les obstacles qui pouvaient l'entraver, et sans me dire alors que les possibilités de les réaliser demeuraient, somme toute, faibles. Ces promesses-là, mineures, sont d'ailleurs chez moi l'objet d'un repentir immédiat, voire d'un certain sentiment de culpabilité d'avoir émis un espoir que je ne suis pas du tout certain d'assumer, d'avoir fait naître une attente que je ne pourrai probablement pas assouvir. J'en viens à maudire les motivations qui m'ont conduit à dire une parole qui m'aurait échappé, une parole qui se serait glissée hors de mon contrôle ; le fameux « promis ». Je me surprends à m'être montré si catégorique pour une chose qui n'imposait pas un engagement ou qui ne valait pas de si grands mots, et je regrette aussitôt de n'avoir pas modéré mon propos, même si, paradoxalement, c'est parce que cette chose n'était pas importante, déterminante, cruciale, que je me suis senti autorisé à la promettre, à en exagérer la portée : je peux très bien promettre un déjeuner sachant que cela n'aura aucune conséquence si je l'annule et que c'est d'ailleurs probablement ce qui arrivera sans remettre en question ma sincérité de l'instant. Alors je m'en veux de m'être ainsi laissé gagner par mes sentiments, la joie d'une rencontre que je ne ressentirai probablement plus dans quelques semaines ou quelques mois, et je regrette de ne pas avoir dit, plus simplement, ce qui aurait été plus correct : « Je ne te promets rien mais cela me fera plaisir de te revoir si nous en trouvons l'occasion. Nous verrons alors si nous sommes disponibles tous les deux ! » Quand je promets de la sorte sans y réfléchir et lance une promesse sans en mesurer d'avance les conséquences, voire l'attente que mes paroles risquent de susciter, quand je dis « Promis ! » comme je dirais n'importe quel autre mot, ma parole alors me semble contingente et gratuite, substituable. J'ai l'impression que ce n'est pas moi qui l'ai prononcée, mais un autre en moi qui voulait faire plaisir, se rendre agréable, et qui ne faisait que céder à l'allégresse de l'instant.

Dans le même esprit, lorsque je dis à un ami « On s'appelle pour déjeuner, promis ? », je ne l'interroge pas vraiment sur l'éventualité prochaine de déjeuner avec lui ; je lui demande simplement de confirmer notre amitié, dans la mesure où son courtois « Avec plaisir ! » me suffira. Cette promesse de politesse viendra renforcer notre amitié dans la durée. « Promis ! » : cette parole passée dans le langage courant énonce une promesse qui, j'en suis conscient, ne se réalisera probablement pas, ou que j'énonce justement parce que je sais que, même si je le souhaite, les contraintes du quotidien m'empêcheront d'y répondre. Au moment de quitter un parent cher que je n'ai pas l'occasion de voir souvent - nous habitons loin l'un de l'autre -, je ne peux pas m'empêcher de lui promettre de revenir le voir bientôt, comme si l'affirmation du seul souhait de le revoir, sans la promesse, ne suffisait pas, ne contenait aucune valeur d'engagement et qu'il fallait nécessairement lui adjoindre une preuve supplémentaire, une sorte de certificat de la sincérité incluse dans ce « promis ! ». Et j'ai d'autant plus besoin d'insister en énonçant cette promesse que j'ai affirmé ce souhait machinalement, sans le penser préalablement, porté que j'étais par l'émotion, la tristesse de laisser ce parent, par le désir bienveillant de le contenter aussi, de le rassurer sur l'amour que je lui porte, de prolonger le plaisir réciproque de la relation par une parole réconfortante et un projet indéfini qui nous permet de demeurer verbalement liés. Lui promettre de revenir le revoir très vite, c'est ouvrir le temps et le raccourcir en construisant un pont entre le moment de notre séparation et le moment de nos prochaines retrouvailles. La promesse qui s'adjoint à mon souhait sincère n'est pourtant que de politesse, j'aurais pu me passer de la faire, et je l'ai faite seulement parce que j'ai ressenti le besoin de tranquilliser ce parent, d'adoucir la brutalité du départ et, par la même occasion, de me déculpabiliser de ne pouvoir rester plus longtemps, même s'il s'agit d'une promesse que je ne respecterai probablement pas et qui restera sans doute une résolution sans lendemain, ou dont le délai ne sera pas respecté, puisque je ne ferai pas ce que je dis et ne reviendrai pas le voir très vite, mais quand je pourrai, quand j'en aurai l'occasion. La promesse de politesse, phatique avant tout, recèle un faible coefficient d'engagement. Elle n'est pas destinée à tenir parole, elle se dit pour se dire, s'énonce pour s'énoncer, dans l'émotion de l'instant, moins pour promettre réellement des retrouvailles que pour reconnaître la sincérité d'un attachement.

Dans une autre perspective, mais pour continuer de caractériser la dimension phatique de la parole d'engagement, je promets pour ajourner une action mineure (accomplir du rangement, une tâche de bricolage ou de jardinage) que je pourrais peut-être réaliser dans l'immédiat mais qui ne constitue pas ma priorité et ne présente pas un caractère d'urgence, et je remets à plus tard cette action en jurant de l'effectuer lorsque j'aurai davantage de temps et serai dans de meilleures dispositions : « Je te promets de le faire la prochaine fois. » Cette tâche, qui n'obéit à aucune priorité, peut attendre. Cette promesse est suspendue. Dans les différents cas proposés, le terme « promesse » apparaît comme un terme-valise, dévitalisé, ayant perdu son caractère, victime d'un affaiblissement sémantique. Si la promesse se révèle être aussi phatique, c'est qu'elle est avant tout fille du logos, la mécanique du langage dans laquelle elle se structure et par laquelle elle pense l'homme :

> Que notre parole humaine réponde à l'appel (ici plus précisément pensé comme promesse) de la Parole, signifie que l'homme est pensé à partir

de la Parole, et non pas l'inverse. Notre entretien mutuel n'est en effet possible que parce que le Logos, en se promettant à nous, fait qu'il puisse y avoir quelque chose comme un « nous ». Tout homme parlant tient comme il peut une promesse qu'il n'a pas lui-même passée, une promesse qui l'a promis.

De même que le don de la parole précède la parole donnée, toute promesse est précédée par une promesse, ce que Jean-Louis Chrétien, dans *Promesses furtives,* appelle la « promesse elle-même promise ». La promesse que je fais résulte d'une précédence inconnue, d'un mystère de la parole qui m'est donné et que je fais perdurer.

De la politique en paroles

La promesse est infiniment politique. Elle se manifeste par son autorité en induisant un rapport de domination – tout promettant se place en position de supériorité même s'il s'agit d'une domination supposée bienveillante, exercée en démocratie pour le bien de la collectivité, non pour l'asservir. Cette parole politique possède une fonction magique, un pouvoir de résolution fantastique : le politicien, grand prédicateur, nous promet de solutionner nos problèmes. Même si elle ne cherche pas à s'accomplir dans cet objectif et qu'elle entre avant tout dans un champ d'expérimentation, la promesse exerce indéniablement un rapport de force latent. Promettre, en rendant le destinataire dépendant de notre parole, possède même quelque chose d'autoritaire. Cette posture d'autorité n'est pourtant pas sa mission, elle se fait politique en maîtrisant sa parole pour ne pas dire n'importe quoi afin d'éviter de produire des illusions, des fausses croyances. Une telle parole efficiente va forcément à l'encontre de l'abandon caractérisant toute parole ordinaire, gratuite, produite par la société de divertissement ; c'est précisément en s'offrant de la sorte comme un contre-pouvoir au système qu'elle manifeste sa fonction hautement politique. Promettre dynamite radicalement le langage commun, le révolutionne par la garantie d'un résultat. Cela offre ainsi à chacun la possibilité de se réapproprier la politique à titre individuel, en devenant maître de la parole, en réhabilitant une contre-parole militante, une liberté d'agir en responsabilité. Se mettre en action, c'est aussi se mettre en mouvement, avancer, faire évoluer les choses. En grec, le préfixe *pro* signifie « devant, avant », et laisse entendre l'idée de progression, de produire une avancée, de cheminer de manière prospective. En promettant, j'avance et je devance, je me projette dans l'avenir avec autrui, je favorise le vivre-ensemble, je m'extrais sans nostalgie du poids du passé, donc je me politise.

Même si aucune promesse ne garantit l'imprévisibilité, elle permet néanmoins, par l'action, de rendre concret un vivre-ensemble, de contracter des solidarités et des associations, des complicités et des mariages, des unions et des fédérations, une possibilité démocratique. Sa fonction orchestre l'ordre social afin de proposer, à travers une aventure humaine individuelle, une aventure collective. C'est pourquoi il faut sans doute voir une certaine pureté de la parole dans la promesse, particulièrement dans l'incitation des individus à créer une force collective, à pactiser entre eux, à se fédérer autour d'un projet, à œuvrer avec persévérance pour le réaliser, je veux dire, à s'inventer ensemble un destin. Dans la volonté de faire une promesse et de la respecter, écrivait en effet Hannah Arendt dans son *Essai sur la révolution*, « il y a là une part de la capacité de l'homme à construire un monde », et c'est ainsi, dans le sens où la promesse se fait tout à la fois construction d'un monde, fédération active, production d'un partage sensible, qu'il faut entendre l'idée de sa pureté. Cela se vérifie en particulier dans les révolutions et les soulèvements populaires visant à abolir les régimes autoritaires, les dictatures meurtrières, pour instaurer la démocratie : que l'on songe, notamment, au Printemps de Prague, qui cherchait à libéraliser le régime communiste dans la Tchécoslovaquie de

1968 en installant un « socialisme à visage humain » ; à l'insurrection militaire de la révolution des Œillets du 25 avril 1974, provoquant la chute de la dictature salazariste qui dominait le Portugal depuis 1933 ; ou encore à la révolution de Jasmin, en Tunisie, entre décembre 2010 et janvier 2011, pour lutter, entre répression et manifestations, contre les indécentes inégalités sociales, et la violence symbolique du pouvoir. Même les plus sanglants printemps révolutionnaires, même les plus meurtrières révoltes collectives s'affirment comme des promesses de démocratie. Ce sont là des promesses puissantes, dont les paroles s'actent, sans s'armer seulement d'intentions vertueuses. La démocratie naît à ce prix.

En principe, la politique devrait entretenir un rapport moral à la promesse, à la parole électorale. Sans doute faut-il ici en revenir au statut de cette parole dont la vérité tient à la fois à son irréversibilité et à son intransitivité, deux conditions qui font saisir mieux encore la différence existant entre l'engagement et la promesse, et rendent justement plus concret le rôle de la morale dans la promesse. Dès lors en effet que, pour une raison ou une autre, je m'excuse de ne pas tenir mon engagement, j'exclus de fait, et dans la seconde même où j'énonce mon excuse, la possibilité que ma parole soit une authentique promesse, dans la mesure où une promesse ne saurait confier son sort aux circonstances du temps, ni sa vérité à des aléas, et dans la mesure où la parole m'implique dans une relation particulière et radicale à la vérité, une vérité que je ne saurais trahir pour rien au monde. Même si j'avais « promis », mon excuse prouve justement que je n'envisageais pas sérieusement la réalisation et qu'un certain abandon à l'euphorie d'un contexte ou le souci de plaire à quelqu'un, de me valoriser face à lui, m'a fait délaisser la rigueur de mon vocabulaire, ou qu'un certain dilettantisme au moment de trouver les mots justes m'a de la sorte fait contracter une fausse promesse. Ce rapport à la vérité est important, et le paradoxe qu'il propose intéresse ici puisque, si la vérité d'une parole se donne comme irréversible et intransitive, le respect de cette parole ne saurait cependant tenir lieu de sa vérité. Pour le dire autrement, ce n'est pas parce que je respecte ma parole, et tiens, de fait, ma promesse, que ma parole témoigne d'une vérité, ni même souhaite obéir à une morale qui lui serait inhérente. Si ce respect de la promesse me fait devenir un homme de parole, il ne fait pas de moi pour autant un homme moral qui tient à la vérité. À moins que cette vérité soit une vérité paradoxale, une vérité qui se pense par défaut et qui trouverait dans l'intention de penser contre moi, de servir une cause à laquelle je ne crois pas, une vérité précisément d'un ordre supérieur : que je puisse tenir une promesse contre mes idéaux, mes plus intimes convictions, voire mes propres intérêts, simplement parce que j'ai le souci de tenir parole, que je mette absolument tout en œuvre pour tenir parole et réaliser ce qui ne relève pas d'une croyance personnelle, ne constitue peut-être rien de plus moral.

Il importe ici, pour donner un aperçu plus large du rapport liant la politique à la promesse, d'examiner la morale de l'obligation, les motivations qui poussent un politicien à respecter cette promesse, et de se demander si un calcul ne préexiste pas à cette obligation qu'il s'impose, et, s'il existe, de quelle nature est ce calcul ? S'il tient autant à respecter sa parole, n'est-ce pas pour répondre à un intérêt personnel, par exemple pour protéger sa réputation et éviter les conséquences d'un manquement préjudiciable à son honneur ou à sa notoriété ? Mais l'honneur estil une vertu politique ? N'est-ce pas finalement ce que cherche à préserver le politicien lorsqu'il s'oblige avec autant d'abnégation envers nous, lorsqu'il montre le respect de l'autre, exprimé à travers le respect de sa promesse ? Mais il en va peut-être différemment, et ne devons-nous pas penser plutôt que cette obligation morale répond moins à un impératif hypothétique (celui de tenir parole dans la perspective d'un calcul intéressé, comme d'inspirer confiance ou de gagner en respectabilité) qu'à un impératif catégorique répondant au principe de demeurer digne de confiance dans quelque domaine que ce soit ? Alors que l'obligation de promettre résulterait de la crainte des conséquences néfastes risquant d'entacher sa réputation, elle peut également tenir, plus vertueusement, à son intention originaire. Où se situe donc la vérité de la promesse politicienne, s'origine-t-elle dans le vice ou dans la vertu ? N'est-elle pas, malgré ses apparences vertueuses, une forme insidieuse de vice ?

Le principe moral devrait irriguer la parole politicienne qui, nous le savons, n'a pas vocation à se rendre morale. Cette parole n'est même souvent prodiguée sans qu'on croie à sa pertinence ni à son efficacité commune ; elle est fabriquée avant tout pour séduire un électorat et gagner un statut dans la société. Ainsi nous paraissent de plus en plus les groupes politiques et partis, dont les fonctionnements ne semblent pas très différents de ceux d'entreprises cherchant moins à défendre des droits collectifs qu'à tirer profit de la situation politique – en obtenant des suffrages, des subventions, des postes avantageux, symboliquement prestigieux, des rémunérations conséquentes pour leurs propres fonctionnaires. C'est assez visible dans le contexte d'une élection présidentielle, comme en témoigne la multiplication des candidatures : au lieu de faire cause commune, de se fédérer pour l'intérêt collectif, les partis essaiment pour récupérer la mise et se la partager Au terme de « promesse » – imposant l'accomplissement d'un objectif, la validation d'un résultat – le politicien substitue d'ailleurs volontiers celui, plus flexible et plus vague, d'« engagement », valorisant plutôt l'investissement dans la mise en œuvre de son action, sur l'installation de son programme dans une durée ou un temps long qui lui permettra, en discours, de relativiser ses résultats, de jouer sur les délais afin de rendre sa parole rétractable. Par essence, le politicien est précisément celui qui, par la possibilité de revenir sur sa parole, contredit théoriquement la définition de la promesse reposant sur le principe de l'irréversibilité, soit d'une parole radicale, irréductible, susceptible d'inspirer la confiance et la sollicitude des citoyens – principe foncier qui fonde une relation éthique. En théorie, la parole engage le politicien à l'égard des citoyens, et l'oblige minimalement envers lui-même ; il se rend redevable, devient l'obligé de sa promesse, entre dans un ordre de soumission par rapport à sa parole. Ainsi, lorsque, le 21 mai 2007, le président de la République française Nicolas Sarkozy, au début de son mandat, ponctue son discours lors du lancement du Grenelle de l'environnement par cette phrase, « Aujourd'hui, je tiens l'engagement pris : je ferai tout ce que j'ai dit avant l'élection », il crée une attente prospective à la hauteur de sa promesse en affirmant toute son autorité et son pouvoir. Il n'est guère besoin de rappeler les promesses émises, depuis des décennies, tous gouvernements confondus, en matière de santé publique, d'écologie ou de travail, pour se rendre compte de l'inanité de la parole politicienne, de son inefficacité, et montrer combien la politique rend sa parole inefficiente, la réduit à n'être qu'un instrument de séduction électorale. Évidemment, il serait facile de tourner en dérision les fausses et abondantes promesses émises lors d'un mandat (résolution du chômage, relance de la croissance, amélioration de la sécurité, baisse des impôts, abaissement de l'âge de la retraite, etc.), de constater le différentiel entre les promesses faites aux électeurs et celles qui ont effectivement été mises en œuvre (nous trouverions des écarts dans le programme de tous les gouvernements, de droite comme de gauche, conservateurs, libéraux et progressistes). Il serait très amusant, au moins pour montrer comment la promesse intègre une stratégie de séduction politique, d'énumérer les fausses promesses destinées à attirer la sympathie, à provoquer, à renforcer sa visibilité (Jacques Chirac, en 1990 : « Dans trois ans, j'irai me baigner dans la Seine devant témoins » ; Boris Johnson, en 2005 : « *Voting Tory will cause your wife to have bigger breasts !* » – « Votez conservateur, et votre femme aura de plus gros seins ! »), mais cela serait malhonnête de le faire sans analyser la capacité institutionnelle de réaliser ces promesses, et nous devinons que, d'une façon générale, l'abandon des promesses est probablement moins déterminé par une absence de volonté personnelle que par la réalité budgétaire et les variables économiques auxquelles celle-ci obéit (inflation, chômage, etc.). Notre imaginaire citoyen attribue sûrement aux politiciens une capacité d'action disproportionnée par rapport à celle qu'ils possèdent réellement, même s'il y a inévitablement un rapport de pouvoir et de force agissant entre – et, pour le dire de façon très caricaturale, très binaire – l'élite des beaux parleurs et les citoyens dont les voix sont sans parole, entre les rhéteurs professionnels et le peuple des faiseux, entre les promesses électorales et les paroles d'honneur.

En pratique, on ne compte pourtant plus les revirements opportuns de la parole politicienne dont la préoccupation ne consiste pas à énoncer une parole vraie mais une parole de circonstance – dont le plus souvent d'ailleurs le politicien n'est pas l'auteur puisque sa parole est moins la sienne que celle d'un scribe-conseiller en communication, il s'agit d'une parole conçue collégialement –, adaptée à un groupe d'individus idéologiquement identifié, une parole de campagne destinée à se faire élire ou à fédérer son groupe, souvent énoncée dans la pleine connaissance des contraintes budgétaires, des contextes économiques défavorables interdisant son effectuation. Cette parole possède d'ailleurs une force de vérité toute relative, elle relève essentiellement de la communication, puisqu'il est naturellement inconcevable qu'un politicien, aussi soucieux soit-il de s'emparer de tous les domaines de la société, de la santé, de l'écologie, de l'économie, de la culture, du sport, soit compétent dans tous ces domaines ou sache envisager le grand nombre d'aléas et de conséquences auxquels cette parole reste soumise. Lorsqu'un politicien se voit confier le poste de ministre de l'Économie avant ou après celui de ministre de la Culture, par exemple, ou lorsqu'un politicien change de camp et, par conséquent, défend désormais une autre parole, comment leurs promesses peuvent-elles être pertinentes, s'appuyer sur des connaissances spécifiques réelles et des convictions sincères ? Comment, sans verser dans le populisme et la démagogie, un politicien peut-il raisonnablement promettre des choses qu'il sera dans l'incapacité ou dans l'incompétence d'offrir ? La mise en œuvre d'une parole, son effectuation, se révèle souvent trop complexe, en raison des circonstances et des contextes contraignants. Ce qui a été dit, même en toute bonne foi à un certain moment, se heurte aux difficultés non toujours prédictibles du moment actuel. Toute parole politicienne est un mensonge qui au mieux s'ignore, au pire ne peut ou ne veut pas se dire. La promesse politicienne apparaît d'autant plus comme une déclaration vulnérable, fluctuante, inféodée à des aléas et à des variants divers, ne délivrant aucune assurance, ne garantissant finalement aucun résultat. Il s'agit d'une promesse sans promesse, d'une parole dépourvue de foi, vide de croyance.

Mais quand bien même une promesse parviendrait à se réaliser, ce coup de force ne prouverait pas la bonne foi du politicien dont le mandat est constitué d'une somme de promesses non tenues. Il est statistiquement logique que quelques promesses se réalisent, mais ce sont alors des exceptions venant confirmer la règle : quelques promesses ne peuvent tenir lieu de la réussite d'une action politique, ni même de sa probité, puisque, nous le savons, la promesse est inconditionnelle, radicalement inhérente à son effectuation, par-delà les contraintes, les difficultés, et par-delà la mort même. Si des promesses ne sont pas tenues, c'est qu'elles étaient des paroles en l'air. Toutefois, et il est important de le préciser, l'effectuation tardive d'une promesse n'est pas systématiquement souhaitable ; elle est même parfois susceptible de causer plus de dommages que si elle n'avait pas été tenue, au point de se retourner contre le promettant ou même de ne plus être pertinente dans l'époque où elle se réalise, pour le peuple qui n'en voit plus la nécessité ou n'en a plus besoin : une parole émise en début de mandat présidentiel risque de ne plus avoir d'intérêt si elle se réalise trop tardivement, à la fin de ce même mandat. C'est que l'histoire est capricieuse et que nul ne saurait en maîtriser le cours, ni prévoir les sentiments de son peuple. Le politicien peut naturellement avoir des convictions profondes, de bonnes intuitions, et agir avec détermination et sincérité pour que celles-ci aboutissent, mais il demeure néanmoins un acteur incapable de prédire le futur, d'abolir l'aléatoire qui nourrit le temps.

La promesse politicienne semble s'apparenter à un pari perdu d'avance, à une variable d'ajustements fabriquée par l'aléatoire du temps et l'inconstance des hommes qui font l'histoire. Il faut sans doute envisager que le fait de tenir une parole, quelle qu'elle soit, révèle la vérité d'un possible plus que celle d'un probable. La promesse, présentée comme un défi ou un exploit ambitieux, souvent irréalisable, n'a rien de strictement probable : toute parole donnée s'offre comme théorique, relevant non de l'impossible mais de l'improbable ; elle fausse, dès son énoncé, sa prétention à dire la vérité. Le fait d'engager sa responsabilité et de se rendre fiable, digne de confiance, fait ainsi de la promesse un acte moral aussi bien qu'un acte immoral, car « promettre est une chose. Être obligé de tenir ses promesses en est une autre », dit Paul Ricœur dans *Soi-même comme un autre*, et dans le fond, même si nous aimerions qu'elle le soit, même si nous savons qu'elle ne l'est pas, la politique n'a pas à être morale. Le politicien peut fuir ses responsabilités, ne pas valider sa déclaration, ne pas transformer en acte moral l'acte linguistique que constitue la promesse, car cet acte énonciatif n'implique en rien l'imposition morale de la tenir, et se reconnaître responsable d'un engagement ne recèle rien de particulièrement moral en soi. S'il ne tient pas sa promesse, dans son esprit, avec la forme de cynisme qui doit forcément le caractériser, il n'en restera pas moins qu'« une promesse non tenue reste une promesse », comme l'explique encore Paul Ricœur, dans *Réflexion faite*. La quête de l'efficacité en politique s'effectue souvent en dépit de la morale et du résultat, comme en dehors de tout système vertueux – des notions qui ne fonctionnent pas en relation de solidarité active. Pourquoi, par ailleurs, le politicien s'acharnerait-il à tenir absolument promesse puisque, ce qui sans doute justifie son cynisme, le fait de tenir sa promesse ne lui garantit aucunement de se maintenir au pouvoir si cette promesse ne correspond plus aux attentes forcément changeantes de son peuple. Pour autant, les promesses se révèlent indispensables, et il n'est pas concevable que la politique fasse l'économie des promesses : elles fixent pour le peuple un cadre théorique et programmatique, un horizon d'attente et de croyance, une perspective collective, et ceux-ci nourrissent son besoin d'espérer une évolution ou une amélioration de son mode de vie.

La promesse n'engage que ceux qui y croient

Après avoir considéré quelques aspects propres à l'énonciation de la promesse, il est temps de porter attention à sa réception, de nous placer non plus du côté du promettant mais du recevant, de celui qui consent à la promesse. Si l'on reprend les thèses de Claude Lévi-Strauss sur l'importance du langage, des mots, des structures linguistiques, des mythes et des récits dans les échanges humains et la compréhension des relations sociales et culturelles, alors les paroles, qui interviennent dans une relation d'interaction, de transitivité et de réciprocité, doivent logiquement être considérées dans le cadre des échanges entre interlocuteurs. Mais alors qu'en est-il du rôle de la promesse dans cette structure ouverte d'interactions, de cette parole particulière puisque intransitive et irréversible, indépendante de la volonté de l'autre, qui ne s'échange pas, et qui, sans interrompre la relation pour autant, se révèle non réciproque, interdisant au recevant la possibilité d'une réponse ? La promesse, soumise et obéissante à une nécessité dans l'ordre du dire, fait ici figure de parole autoritaire, dictatoriale presque dans le sens où elle est édictée par une personne décidant pour une autre, un promettant rendant redevable un recevant : d'une certaine manière, le dire de la promesse exclut tout contredire, le récit qu'elle narrativise n'admet aucun contre-récit et impose sa pleine autorité. Force est de reconnaître la puissance d'asservissement de la parole promettante, son incroyable force d'assujettissement renforçant inéluctablement la croyance. Sa puissance la rend performative pour *faire croire*.

Cette puissance de *faire croire* suscite des malentendus en ce qu'elle se donne fatalement comme une machine déceptive pour la personne à laquelle elle se destine. Il suffit ainsi que je convoque mes souvenirs pour me rappeler la promesse que m'avait faite mon père, un jour, d'assister à un entraînement des footballeurs du Paris Saint-Germain, promesse malheureusement non tenue ; cela m'avait tellement déçu que je n'avais pas parlé à mon père pendant plusieurs jours. Il avait souffert de mon silence, qui devait lui sembler disproportionné par rapport à cette promesse gratuite, purement phatique, sans doute faite sans y penser au cours d'une conversation, avec même l'intention sincère de la réaliser et de me faire plaisir, et dont il n'avait pas mesuré l'importance qu'elle revêtait dans mon morne quotidien. Mais cette promesse n'engageait finalement que moi, car c'est moi qui, à partir d'une simple parole de mon père, étais entré dans une attente inconsidérée ; c'est moi qui, en m'imaginant côtoyer un instant les joueurs de foot, avais donné une épaisseur de réel à cette parole qui n'en avait aucune pour mon père ; autrement dit, c'est seulement moi qui avais transformé cette simple parole en promesse inconditionnelle. Je m'étais *fait un film*, comme on dit, à partir de quelques mots, un film démesuré dans lequel je jouais un personnage au côté de mes idoles. Mon père ne pouvait ni savoir que son projet me mettrait dans un tel état, ni soupçonner mon aptitude à rêver si fort mon quotidien. Cette expérience décevante m'a longtemps empêché de faire des promesses et m'a non seulement appris à ne rien attendre des autres, de crainte d'être déçu ou de leur en vouloir, mais aussi à ne pas me fier à la parole, à soupçonner les mots, à devenir critique par rapport au langage. Que la parole puisse tromper, ce n'était pas tant cela qui me décevait, au fond, car je n'étais pas si naïf, tout de même, non, ce qui me décevait, c'était que cette parole émanât d'une des personnes qui m'aimaient le plus, qui me montraient le plus de tendresse et d'attention, et qui étaient parfaitement dépourvues d'intentions malfaisantes à mon endroit ; ce qui me faisait mal c'était qu'une personne comme mon père pût me blesser involontairement avec des mots qui n'étaient pas employés pour tromper, ou pour frustrer, mais qui, paradoxalement, procuraient la même peine, le sentiment de tromperie et de frustration. C'est que j'y avais tellement cru que je me sentais dupé, c'est que mon attente avait dépassé le pouvoir de sa parole. Il en va toujours ainsi : celui auquel on promet entre, sans que le *promettant* en prenne forcément conscience, dans une autre dimension du temps, une dimension quasi religieuse qui nous relie plus encore à l'autre, nous fait attendre qu'il agisse, nous donne à croire que le miracle de la parole donnée s'accomplira.

Ce sentiment de duperie n'obéit peut-être pas tellement à un ordre différent du sentiment déceptif décrit dès les premières lignes de *La Promesse de l'aube,* notamment la duplicité d'une promesse que la vie a faite à Romain Gary en lui offrant dès son plus jeune âge l'idée d'un amour inconditionnel, passionnel, mais d'une promesse que la vie ne saura tenir, puisqu'il ne rencontrera jamais plus une femme capable d'un amour aussi grand. Telle promesse ne peut, par conséquent, conduire qu'à décevoir.

> Avec l'amour maternel, la vie vous fait à l'aube une promesse qu'elle ne tient jamais. [...] chaque fois qu'une femme vous prend dans ses bras et vous serre sur son cœur, ce ne sont plus que des condoléances. On revient toujours gueuler sur la tombe de sa mère comme un chien abandonné.

La formule ne manque pas de romantisme parce qu'elle repose sur la croyance d'un ordre du monde qui serait régi par un absolu, notamment par l'idée qu'une promesse du monde nous préexisterait – un engagement inconditionnel donc, non décrété par les hommes, mais né de leur interprétation –, que sa présence justifierait le monde. Concrètement, en effet, la vie ne nous fait pas de promesse, mais l'homme, en naissant, peut se penser promis, puisqu'il n'est pas responsable de sa naissance, et trouver ainsi une justification à son existence. Ainsi, selon Romain Gary, ce type de promesse abstraite paraît s'envisager par le paradoxe qui la constitue intrinsèquement, à savoir la possibilité de sa désillusion. Ce que la vie nous donne, elle nous le reprend, ce que les promesses nous font, c'est de produire des illusions forcément décevantes et de nous abandonner dans un monde absurde, insensé si nul ne cherche à les tenir. Ici, la promesse que confèrent l'absolu et l'inconditionnel, la richesse et le désintéressement de l'amour maternel ne peut rivaliser avec la promesse que confère l'amour circonstanciel donné par les autres femmes : l'amour maternel, d'ordre sacrificiel, offre généreusement jusqu'à rassasier, combler, satisfaire tellement que l'amour d'ordre conditionnel des femmes successives pâtira de la comparaison. En ce sens, si aucune parole d'amour ne peut se substituer à ce don prodigieux, la promesse d'amour deviendra elle-même intenable et décevante. Elle n'engage finalement que Gary qui l'a forgée et a souhaité y croire. Au fond, la promesse n'est peut-être pas tant une parole que j'énonce que le fantasme ou la représentation allégorique d'une parole que le monde extérieur semble tenir pour moi, malgré moi (« C'est un printemps rempli de promesses » ; « La jeunesse est une promesse » ; « La promesse des matins » ; « La religion me promet un monde meilleur »), une parole théorique du monde ou, si l'on veut, une parabole endossant de l'espoir – dans tous les cas, un monde que j'interprète ainsi, que je veux voir non comme il est dans la réalité, mais comme j'ai envie de le percevoir. Au fond, toute chose peut bien représenter une promesse puisqu'il ne s'agit là que de mon interprétation, de ma tendance à voir le monde de manière poétique, à croire que ce monde est doté d'une essence poétique : mais dans ce cas, tout peut tenir lieu de promesse, la vieillesse peut représenter une promesse, celle de la sagesse par exemple, de transmettre ou de savoir porter l'espoir à d'autres générations ; de même, un hiver pluvieux peut promettre une vie radieuse, tout comme un crépuscule peut venir signifier la promesse d'une nouvelle vie. Nous abusons ainsi le sens du monde en le fantasmant, en projetant sur lui nos émotions et nos sentiments, nos espoirs et nos désespoirs. Le monde serait ainsi intrinsèquement porteur d'une promesse qu'il nous appartient de saisir, d'une parole qu'il ne tient qu'à nous de nous approprier.

En amour, le malentendu existe également : consentir à la promesse me fait attendre de l'aimée qu'elle me donne ses sentiments durant chaque jour de notre union, qu'elle les manifeste ou les prouve en transformant sa parole en engagement ; j'attends que son engagement soit à la hauteur de son serment tandis que ce serment, sans être insincère, ne recèle peut-être pas dans son esprit et dans le contexte où elle me le déclare tout ce que j'y place moi-même, soit l'exigence d'un engagement absolu, une fidélité, une attention, une compréhension bienveillante, tout cela que j'engage moi-même lorsque j'aime. Mais peut-être cette personne, qui n'aura pas le même âge que moi, ni la même religion, ni la même philosophie, m'aime-t-elle autrement, sur un mode différent, selon une conception différente de l'amour, selon d'autres représentations et valeurs ; alors cette personne ne m'aime pas comme je le souhaiterais, comme je crois qu'il faut aimer, et son engagement possède une signification bien différente de celle que j'attendais. De fait, sa promesse suscite un malentendu, puisqu'elle n'engage finalement que moi, et ma croyance en une parole donnée que j'interprète en fonction de mes propres critères sentimentaux, de mes propres valeurs, non en fonction de sa vision de l'amour, que peut-être je méconnais. Et cette interprétation erronée dans son principe ne concerne finalement que moi, puisque l'autre ne ment pas en me donnant son amour mais me donne seulement l'amour qu'elle est capable de me donner, et non pas celui, absolu, que j'espère. Ce n'est pas la promesse d'amour qui me ment mais seulement moi qui me trompe de représentation de l'amour, et mes attentes, trop grandes sans doute, et diverses, ne correspondent pas à l'idée que je me fais de l'amour. Si l'amour se fonde ainsi sur l'illusion, la promesse qu'il engendre condamne fatalement à décevoir.

De même, dans le domaine de la littérature, il ne tient qu'aux lecteurs de croire à la promesse de sincérité que font certains écrivains en s'appropriant des sujets qui ne les concernent pas, des expériences de vie dramatique qu'ils découvrent à travers d'autres livres ou d'autres personnes, en portant attention à des contextes historiques – les guerres, les camps – dont ils ne sont pas spécialistes. Pour ma part, j'adhère totalement à la pensée d'Albert Camus qui, dans sa préface à *La Maison du peuple* de Louis Guilloux, écrit ceci :

> Presque tous les écrivains français qui prétendent aujourd'hui parler au nom du prolétariat sont nés de parents aisés ou fortunés. Ce n'est pas une tare, il y a du hasard dans la naissance, et je ne trouve cela ni bien ni mal. Je me borne à signaler au sociologue une anomalie et un objet d'études. On peut d'ailleurs essayer d'expliquer ce paradoxe en soutenant, avec un sage de mes amis, que parler de ce qu'on ignore finit par vous l'apprendre. Il reste qu'on peut avoir ses préférences. Et, pour moi, j'ai toujours préféré qu'on témoignât, si j'ose dire, après avoir été égorgé. La pauvreté, par exemple, laisse à ceux qui l'ont vécue une intolérance qui supporte mal qu'on parle d'un certain dénuement autrement qu'en connaissance de cause.

Sans doute y a-t-il, en effet, dans la réappropriation culturelle une imposture magistrale, éhontée, par exemple dans le fait d'abuser le sens d'une appartenance au peuple – chez des transfuges de classe –, de *misérabiliser* une existence et d'en aggraver les circonstances. S'emparer de la pauvreté sans écrire en connaissance de cause, dit Camus, serait trahir ceux qu'on prétend défendre pour fabriquer une œuvre sur leur dos. Il en va de même dans le fait d'exploiter des sujets historiques sous couvert d'un devoir de mémoire, Auschwitz par exemple. Seul un rescapé des camps de concentration peut témoigner d'une situation aussi extrême, et le véritable devoir de mémoire ne peut, à mon sens en tout cas, respectueusement, en passer par une fiction médiocre et commerciale. Je ne dis pas qu'on n'a pas le droit de l'exploiter, je dis simplement qu'il est préférable qu'une personne, qui en a l'expérience de survie, ou bien une connaissance approfondie, s'autorise à l'exploiter. Or la multiplication des textes relatifs aux périodes de guerre, rédigés par des auteurs de circonstance, occasionnels, ne manque pas de choquer. Il y a, dans les cas exposés, une instrumentalisation indécente confrontant l'écrivain à des limites éthiques, déontologiques. Comment représenter un événement que nous n'avons pas vécu ? Notre imagination ne risque-t-elle pas de le galvauder, de le banaliser en diluant la souffrance véritablement éprouvée dans celle qu'on s'invente ? Réinventer la souffrance pour y injecter la nôtre, instruite, documentée mais forcément au-dessous, ne contribue-t-il pas à nier la réelle ? Une bonne partie de la littérature instrumentalise une promesse dévoyée, elle feint la sincérité pour mieux tromper son lecteur.

Il en va de même en politique : cette institution, comme nous le savons, est pour le moins chargée de promesses. Quand bien même je ne suis pas dupe de la parole des politiciens, je sais qu'il serait impossible, pour cause de budget insuffisant, de transformer favorablement la vie de l'ensemble des citoyens et de réaliser toutes les promesses énoncées relatives à l'amélioration du niveau de vie des citoyens et de la société. Et même si l'on imagine que les politiciens eux-mêmes ne sont pas toujours convaincus de tout ce qu'ils promettent pour satisfaire des ambitions personnelles, conquérir des postes de pouvoir, je suis pourtant bien forcé de croire à leur parole, ou de feindre d'y croire. En tout cas, j'ai envie d'y croire et de faire le pari d'y croire, puisque sans cette croyance minimale, qui n'est pourtant pas dépourvue de doutes et de soupçons de démagogie, je n'accomplirais jamais mon devoir de citoyen. Ce qui me fait voter, c'est précisément cette croyance résiduelle accompagnée d'un vague espoir, d'un « on ne sait jamais » méfiant et sourcillant, qui s'est éprouvé dans des politiques successives au cours desquelles mes conditions de vie n'ont pourtant guère évolué. La promesse institue un régime de croyance bienfaiteur en quelque sorte, qui nous permet de persévérer, d'attendre le miracle.

Mais la promesse politicienne intéresse par les paradoxes qu'elle propose, pour ne pas dire les incohérences de pensée que l'électorat, dont je fais partie, admet. En effet, si le retrait de la confiance des électeurs résulte de la non-tenue de promesses anciennes, en même temps ces mêmes électeurs réclament des promesses, sans cela l'action politique ne se justifierait pas à leurs yeux et ils n'auraient que peu d'intérêt à voter ; c'est justement sur cette capacité de faire des promesses que les électeurs jugent justement leurs représentants, sans d'ailleurs forcément tenir compte de la fiabilité de ces promesses. Étrangement, et même si je reste méfiant, j'aurais ainsi tendance à préférer le politicien qui énonce des promesses sans les tenir à celui qui refuse de faire des promesses irréalisables, quitte à qualifier ensuite le premier de démagogue – quant au second, il sera vite balayé par le peuple. Car j'ai besoin de rêver pour croire à la politique et attendre d'elle. La politique est l'adjuvant de nos vies, son programme porte en lui un puissant espoir collectif et individuel, celui d'une amélioration des conditions économiques, sociales, écologiques en même temps que d'un élargissement de ma situation personnelle. J'en attends par conséquent énormément, je suis exigeant avec les élus, les représentants que je choisis et, logiquement, je n'espère d'eux – qui se sont fait élire pour modifier le sort de leurs concitoyens, qui se consacrent entièrement à leur mission, qui bénéficient d'une rémunération, d'avantages financiers non négligeables ainsi que d'un statut social symboliquement fort – rien de moins que le meilleur.

Une promesse ne doit pas me rendre naïf pour autant, et m'oblige à conserver ma lucidité citoyenne tout comme une distance nécessaire prompte à me préserver de la déception dont elle est intrinsèquement porteuse, puisqu'une promesse porte en elle son propre paradoxe, étant tout à la fois l'espoir de modifier collectivement la vie et la désillusion de n'avoir pu le faire. Il se trouve que je me sens vraiment dupé lorsque le représentant pour lequel j'ai voté ne respecte pas sa promesse car, sans cette promesse, c'est une évidence, je ne lui aurais pas donné ma voix. Même si je sais qu'une promesse politique, qu'elle soit faite en toute sincérité ou pour séduire un électorat et gagner des suffrages, ne garantit rien, j'ai voulu y croire tout en sachant pourtant que celle-ci ne se concrétiserait pas forcément, pour de multiples raisons : soit par incapacité, le moment venu, de faire passer cette promesse en loi ; soit par désistement soudain du politicien qui, une fois au pouvoir, ne s'oblige plus à rien, trouve des prétextes et des excuses ; soit parce qu'il s'aperçoit tardivement que cette promesse n'est finalement pas viable et qu'en la prononçant il s'est trompé quant à sa possible réalisation ; soit, encore, parce qu'il a changé d'avis sous la pression d'autres personnes et risque des problèmes en s'engageant à la réaliser. Pareille situation ne manque pas de rappeler le fameux conseil que Machiavel donne au Prince – moins dans l'objectif de mentir au peuple et de le tenir dans l'erreur que dans celui d'assurer la pérennité du souverain – de ne surtout pas s'obliger à tenir sa promesse afin de conserver sa liberté d'action et, en conséquence, de ne pas affaiblir son propre pouvoir : « Un prince prudent ne peut ni ne doit tenir sa parole, que lorsqu'il le peut sans se faire tort, et que les circonstances dans lesquelles il a contracté un engagement subsistent encore. » La prudence en politique impose le non-respect de la parole. De fait, à toute promesse politique, s'offrant comme une sorte de parole théorique, nul n'est tenu de croire, et donner son vote à une promesse, pour la raison que celle-ci correspond à ses intérêts personnels et à ses valeurs idéologiques plus qu'à l'intérêt collectif, rend responsable de la supercherie générale, d'un programme fait de promesses inauthentiques, faussées dans leur principe. Notre croyance nous engage.

Si l'institution porte des lois fédérant les citoyens autour d'une croyance, celle d'un vivre-ensemble, d'un système vertueux de valeurs régi par la justice, l'équité et la liberté, il se peut que ces mêmes lois, promises par l'institution, ne tiennent pas leurs promesses, comme le montrent des écrivains tels Franz Kafka et Albert Camus. Dans sa nouvelle extraite du recueil *Un médecin de campagne,* intitulée « Devant la loi » (*Vor dem Gesetz*), publiée en 1920, qui se présente comme une parabole, Kafka peint un homme désireux de franchir les portes de la loi auxquelles une sentinelle l'empêche d'accéder dans l'immédiat, sans toutefois le lui interdire, ni même lui fournir les raisons de son refus. L'homme, de fait, passera sa vie à attendre une autorisation qui ne lui sera jamais donnée, demeurant de la sorte pétrifié devant la loi et vivant l'épuisement de sa promesse, une promesse qui finit par constituer une embûche fatale puisqu'elle ne se situe pas à la hauteur de la vertu dont elle est porteuse et, finalement, déçoit. Pire même, cette promesse se révèle être une parabole exemplaire de l'absurde que risque de représenter la loi : exténué d'avoir ainsi passé sa vie à attendre, l'homme, à l'approche de la mort, demande enfin pourquoi nul autre homme ne s'est évertué à entrer dans la loi et la sentinelle lui répond : « Cette entrée n'était faite que pour toi, maintenant je pars, et je ferme la porte. » Cette parabole de la loi, d'une justice contre les hommes, que Kafka reprendra dans *Le Procès*, où le personnage de K., accusé sans rien savoir des motifs de son accusation, se défendant même en ignorant pourquoi, confronté à une justice aussi silencieuse qu'intransigeante et irréductible, sera condamné à mort. Il convient de noter ici les parentés évidentes avec *L'Étranger* de Camus, dont les interrogatoires et le procès décrivent l'itinéraire absurde d'un homme,

Meursault, vers la peine de mort, et dont la justice s'essaie à rationaliser le comportement irrationnel et incompréhensible, à expliquer et à justifier le sens d'un acte criminel irréfléchi qui justement n'en possédait pas : en effet, expliquer qu'on a « tué à cause du soleil » ne saurait évidemment convenir aux représentants de la loi, soucieux de motiver autrement l'acte, de rechercher des explications plus rationnelles – comme l'apparente insensibilité de Meursault qui ne pleure pas à l'enterrement de sa mère, qui se distrait en allant au cinéma et en flirtant avec Marie sur la plage, comme le fait qu'il semble « étranger » aux conventions de la société, aux autres individus et à lui-même. Ils finissent même par lui trouver une âme de criminel. Le même sentiment d'absurde œuvre dans les textes de Kafka et de Camus, par rapport à l'institution de la justice, obéissant à une logique implacable et aveugle de jugement, éloignée des hommes, incapable de comprendre et de tenir ses promesses.

Je suis promesse

De même que toute parole tenue comporte un intenable, toute promesse, nous l'avons dit, comporte un *impromis*, qui se manifeste par une incapacité d'oublier l'irrésolu des promesses passées, des paroles non tenues, mais aussi par l'inaptitude où nous sommes à nous concevoir comme une promesse pour autrui, à représenter nous-mêmes une promesse et des attentes pour une communauté (puisque nous sommes tous engagés dans le monde, responsables, comme le pense Jean-Paul Sartre, et que chacun de nous incarne, en conséquence, la promesse d'une communauté citoyenne, dont il tient à nos convictions comme à la sincérité de nos engagements de préserver, d'assurer le fonctionnement et la liberté), à incarner un statut qui nous excède, à susciter un monde, imaginairement projeté en nous, et que, de fait, nous ignorons.

Nous ne sommes peut-être pas tant ce que nous croyons être que ce que les autres imaginent de nous. Par le seul fait d'être, de posséder quelques compétences remarquables, quelques atouts, quelques biens, chacun d'entre nous est et fait une expérience de la promesse, à savoir que nous incarnons pour d'autres, y compris pour l'institution, une promesse que nous ignorons, tout autant que d'autres incarnent pour nous, y compris pour l'institution, une promesse qu'ils ignorent : un bon élève se trouve porteur d'une promesse sociale ; une jeune sportive talentueuse, dotée d'un fort potentiel, sera perçue comme une future promesse dans sa discipline ; une jolie jeune femme représentera une promesse d'avenir ; un entrepreneur sera vivement convoité pour sa richesse, etc. Si nous représentons pour autrui un potentiel, quelle qu'en soit la nature, la promesse n'est donc pas seulement un don de soi mais elle induit ici une projection imaginaire d'autrui sur nous, ou de nous sur autrui, que le porteur ignore, dont il ne saurait être le seul responsable, puisque s'il est responsable de son engagement dans le monde, il n'est pas responsable de l'espoir qu'il suscite malgré lui et de ce que les autres projettent en lui. Je suis une promesse pour autrui comme autrui est une promesse pour moi, même s'il s'agit là d'une incarnation ignorée de chacun.

Il en va ainsi dans le domaine sentimental. Lorsque j'aime, par exemple, je projette sur l'autre des rêves que celui-ci ignore mais qu'il suscite malgré lui (il en est responsable parce qu'il est ce qu'il est et qu'il s'arrange chaque jour pour entretenir et fabriquer ce qu'il est, mais il n'est pas responsable des effets qu'il produit sur moi puisqu'il n'a aucune intention de les produire), un imaginaire auquel il n'a pas accès et dont il n'est que le support, si bien que je ne l'aime peut-être jamais que sur un malentendu déraisonnable, qu'en dépit de lui-même, victime que je suis d'une illusion de l'amour dont découlent pourtant mon attente indéfini et mon ennui, mes désirs d'aventure et d'absolu. Quand j'aime ou quand je suis aimé – la position du sentiment est naturellement réversible – je suis mû par une puissance souterraine qui ne m'appartient pas, je suis porteur de désirs et de sentiments qui ne concernent pas forcément l'autre ou qui ne sont pas les miens, mais qui sont ceux de l'*être* amoureux agissant en moi ; des désirs et sentiments qui m'illusionnent et me font voir l'autre à son insu – ou me font être vu par l'autre à mon insu – comme une promesse dont j'ignore le nom et le principe. Il me suffit d'aimer pour percevoir soudain, à travers l'autre, la réalisation de mes rêves, l'aboutissement de mes désirs, pour entrevoir la cessation de mon ennui et de mon attente, la délivrance de mon angoisse et de mes tourments existentiels, et sans doute la solution et le remède pour me sentir heureux. En conséquence de quoi l'autre, qui suscite l'amour, qui produit sur moi cette illusion si puissante, parfois nocive, l'autre qui permet malgré lui cette délivrance intérieure ainsi que l'espérance d'une vie différente, s'offre comme une promesse. Il est possible, de fait, que nous n'aimions jamais les personnes qu'en dépit d'elles-mêmes, moins pour ce qu'elles sont en réalité que pour l'imaginaire que nous projetons sur elles, pour l'expérience qu'elles nous promettent, pour les illusions qu'elles nous offrent mais aussi les désillusions qu'elles nous causent, comme nous l'apprend le fameux *excipit* d'*Un amour de Swann* de Marcel Proust, dans lequel Charles Swann décrit le déclin de son amour pour une demi-mondaine, Odette de Crécy, l'extinction de sa jalousie, des tourments éprouvés suite aux infidélités et aux mensonges de la jeune femme : « Dire que j'ai gâché des années de ma vie, que j'ai voulu mourir, que j'ai eu mon plus grand amour, pour une femme qui ne me plaisait pas, qui n'était pas mon genre ! »

On voit combien la promesse en amour ne se manifeste pas forcément selon un pacte clair, un accord explicite produit par la volonté entre deux individus aimants, soit selon un engagement médiatisé par la parole, mais que cette promesse peut se réaliser de manière implicite, sur un malentendu pour ainsi dire. Disons que, d'une certaine façon, notre imaginaire est un fabricant de promesses. Je me suis demandé à quoi pourrait ressembler l'amour entre personnes de milieux sociaux différents, et c'est en réfléchissant à ce sujet que j'ai imaginé l'intrigue de *Pas son genre*, la façon dont la promesse pouvait s'incarner dans des personnages. Dans ce roman, la promesse préside aux destinées de l'amour entre François Clément, professeur agrégé de philosophie, issu de la bourgeoisie parisienne, et la coiffeuse Jennifer Dumont, venant des classes inférieures d'une ville moyenne du nord de la France. Le non-dit et la vanité qui sous-tendent leur rapport amoureux, les valeurs non éthiques que la plupart du temps nous feignons de ne pas voir, à savoir la forme de l'intérêt, matériel ou symbolique, les représentations sociales, présidant à une union, cette thèse que, comme le soutiennent Rousseau et Proust, nous aimerions avant tout, à travers les êtres que nous rencontrons, des représentations et des genres susceptibles de combler et satisfaire notre imaginaire. Ainsi, pour le professeur de *Pas son genre,* autant que pour Jennifer la coiffeuse, l'amour semble n'être ici qu'une illusion, un mirage de la vanité et de l'amour-propre, et l'amoureux, qu'il s'agisse de Jennifer ou de François, n'est pour rien dans le choix que chacun fait de son partenaire tant ceux-ci semblent traversés par une volonté qui les dépasse, par des désirs qui ne sont pas les leurs mais qui sont bien ceux du genre social respectif de leur appartenance, un genre qui, dans les deux cas, veut, aime et désire à travers eux, en dépit de leurs normes et de leurs valeurs. L'amour, dans l'hypothèse où mon narrateur désabusé le croit encore possible, ne pourrait selon lui s'atteindre dans la recherche du même (homogamie) mais bien dans la recherche d'une différence (hétérogamie). Mais ce que l'un et l'autre recherchent dans cette relation c'est le dépaysement social de la passion, l'exotisme culturel que la réalité de leur milieu respectif leur refuse : François ne fréquente, dans son milieu intellectuel parisien, que des êtres sociaux à son image et ne rencontre donc que des jeunes femmes des classes supérieures ; Jennifer ne fréquente, dans la ville d'Arras, que des filles qui, comme elle, n'ont pas fait d'études, ses collègues coiffeuses pour la plupart, et ne rencontre que des hommes de son genre social. Pour le dire autrement, si l'un et l'autre ne se font pas de promesses, ils représentent respectivement l'assurance de la promesse de l'exotisme social, de la découverte d'un autre monde culturel et social auquel, sans la passion, ils ne pourraient probablement jamais avoir accès de façon aussi concrète, aussi physique. Ce que le professeur de philosophie aime chez la coiffeuse, c'est la possibilité de s'affranchir de son milieu social qui lui impose de rencontrer d'autres bourgeoises de son genre et qu'il n'a d'ailleurs jamais cessé de fréquenter, avec lesquelles il n'est jamais parvenu à se fixer mais avec l'une desquelles il finira sans doute par se marier. Ce que la coiffeuse, provinciale et populaire, aime chez ce professeur c'est, pareillement, la possibilité de rêver à un autre monde, d'espérer une vie différente de la sienne, peut-être meilleure, le croit-elle en tout cas. Paris représente souvent le rêve du provincial, comme une bonne partie de la littérature, au moins depuis le XIXe siècle balzacien, en témoigne. Le professeur parisien offre, malgré lui, à la coiffeuse la promesse d'un dépaysement, d'une évolution, et confirme en elle son désir secret, peut-être inconscient, d'un agrandissement de son champ personnel : il incarne pour la coiffeuse la promesse implicite d'une ascension sociale, de devenir la femme du professeur parisien. Au fond, ce n'est pas l'amour qui permet la rencontre entre ces deux personnages que tout oppose socialement et culturellement, mais la passion : l'amour est, par nature, fatalement, social et homogame, il fait s'unir dans la durée les individus sur un contrat d'intérêts communs, tandis que la passion, elle, est asociale et hétérogame, puisque son intérêt est fondé sur le seul rapport physique qui ne calcule pas, ne se projette pas dans la durée et n'attend rien d'autre que de se consommer dans l'instant.

Disant cela, évoquant la puissance de l'imaginaire dans la relation sentimentale, et soucieux de vouloir illustrer mon propos quant à la représentation implicite de la promesse, je pense forcément au *Dom Juan* de Molière, et, plus particulièrement, à la fameuse scène dans laquelle Pierrot raconte à sa fiancée Charlotte qu'il a sauvé le seigneur Dom Juan de la noyade et dont les simples paroles, la seule description fait naître dans l'imaginaire de sa fiancée sinon un sentiment prématuré, du moins une inclination favorable : les paroles du fiancé permettent déjà à Charlotte, la paysanne, de rêver et de se croire amoureuse de Dom Juan avant même de le connaître ; Charlotte aime sans doute aussi Dom Juan pour la promesse d'ascension sociale que son statut propose ; elle aime ici le genre et le statut que représente Dom Juan plus que l'homme, jeune noble libertin, séducteur impénitent foncièrement détestable, qu'il est réellement, puisqu'elle ne le connaît pas. Plus tard, apercevant Charlotte pour la première fois, Dom Juan la complimentera, la séduira jusqu'à la demander en mariage, et Charlotte, en dépit des protestations de Pierrot, son futur mais déjà ex-fiancé, en dépit même de tout ce qu'elle peut savoir du caractère libertin de Dom Juan et connaître de son comportement misogyne, cédera finalement au séducteur. Ne manquons pas de remarquer ici l'étymologie latine du verbe épouser – *sponsare,* forgé à partir de la même racine que le verbe *spondere* qui signifie « promettre solennellement ». Dom Juan, cet épouseur à toutes mains, abuse le sens même de la promesse puisqu'il promet à tout va sans tenir ses promesses dans la seule perspective de séduire. Ses engagements sont phatiques, et sa parole pervertie contredit le sens même de la véritable promesse, de l'authentique parole : Dom Juan le volage promet de se fixer dans un couple, Dom Juan l'inconstant promet la constance du mariage, mais il ne promet que pour atteindre un but différent de celui que sa déclaration présente : cette déclaration est truquée, destinée à séduire les femmes, à provoquer un effet sur elles, comme de gagner leur confiance. Dom Juan promet moins pour tenir sa parole que pour la trahir : il s'agit d'une promesse mensongère, d'une promesse qui ne promet rien. Sa réussite confirme toutefois la performativité de ses déclarations et de ses discours, la capacité qu'ils ont de manipuler et de tromper, mais la parole qui en émane définit un lien faible, précaire, non durable, la promesse. Elle vise moins à créer une alliance maritale qu'à se *désalliancer.*

Au-delà de désacraliser l'idée de l'amour et du mariage, Molière rend plus concrète la potentialité que représente chacun d'incarner malgré lui une promesse pour autrui : ici, Dom

Juan n'est pas épousé pour l'homme qu'il est mais bien pour la toute-puissance seigneuriale qu'il représente, l'image séduisante, aphrodisiaque, que l'on prête souvent au pouvoir. De même, dans le célèbre film d'Éric Rohmer *Ma nuit chez Maud*, le personnage principal, Jean-Louis, catholique, indécis décidé, résolu dans son irrésolution même, finit par choisir, par « une idée brusque et définitive », Françoise, la femme blonde sortie de l'église à laquelle, dans l'instant où il la vit, il s'était promis de se marier, au détriment de Maud, la brune, divorcée, libre, athée. Au cœur de cette dialectique pascalienne, Françoise représente un idéal conservateur et catholique, la promesse d'une vie stable, quand Maud représente la tentation d'une passion mais la promesse d'une vie sans perspective. Il est un fait, par conséquent, que si nous faisons des promesses en amour, nous incarnons nous-mêmes, dans le même temps, une promesse pour d'autres, quelle que soit la nature de cette promesse (sociale, culturelle, matérielle, etc.), nous représentons à notre insu une promesse symbolique, nous supportons une parole prompte à satisfaire l'imaginaire d'autrui, une parole que nous ignorons, dont nous ne sommes ni les détenteurs ni les responsables ou dont nous ne sommes même pas forcément conscients, une parole qui en nous promet, que nous proférons malgré nous. L'amour est aussi une affaire de représentations, il cristallise un monde dans lequel chacun peut se projeter : la figure du pouvoir ou celle de l'exotisme, par exemple, constitue souvent un puissant adjuvant dans l'imaginaire amoureux. Toute personne est une promesse qui s'ignore, une promesse de satisfaire nos attentes, de rassasier nos désirs, de combler nos rêves et qui nous prédispose ainsi, par la force des choses, à aimer, quand bien même une telle vision proustienne de l'amour assimilée à des représentations peut questionner, tant cette vision risque de paraître réductrice, et se condamner, par son indéfectible inappétence pour le particulier, par son impossibilité à s'attacher à une seule et unique personne, à soumettre l'autre, interchangeable, au pouvoir des représentations sur notre volonté. En effet, n'est-ce pas une autre illusion de l'amour que de penser que nous le choisissons quand, sans doute, nous sommes choisis pour tout ce dont nous sommes porteurs, pour nos goûts, nos rêves, nos intérêts, nos valeurs, nos ambitions, dont l'amour ne serait finalement que l'occasion opportune ? Dans cette éventualité, nous incarnerions pour les autres, à notre insu, des promesses que nous ne sommes pas forcément capables de tenir, tandis que, réciproquement, les autres ignoreraient qu'ils incarnent pour nous des promesses étranges dont nous les accablons sans leur consentement.

Fabriquer de l'espérance

La promesse n'est peut-être pas tant faite pour être réalisée que pour provoquer l'imagination, nous faire entrer dans un régime de croyance. Ce qui importe à celui auquel se destine la promesse est de savoir qu'un dispositif s'élabore et qu'une somme d'effort et d'intelligence, une puissance d'agir instigatrice se concentre en vue de la concrétiser. Savoir cela permet d'attendre, et attendre permet d'espérer, et espérer apaise et procure, par anticipation, une certaine satisfaction. Cela donne un objectif, celui de vivre intensément dans cette unique perspective. Selon le principe spinoziste de réciprocité efficace, la joie d'autrui et son espoir naissant d'un avenir amélioré, découlant de ma promesse, augmentent, en retour, ma propre joie de tenir parole, de faire plaisir, de rendre service. L'interaction, l'intersubjectivité favorisent une sorte d'augmentation et d'élargissement exponentiel de nos surfaces respectives. De fait, la promesse fabrique de l'espérance, elle anime le quotidien, l'illumine et l'élargit : pour le dire autrement, elle lui donne du sens.

De sorte que, même lorsqu'une promesse ne peut se tenir, même au cœur de la déception qu'elle ne manque pas de susciter, demeure la nostalgie de l'enthousiasme qu'elle portait. Il arrive même que nous en conservions un certain regret. Ainsi les personnes de ma génération se souviennent-elles encore de la promesse que représentait l'arrivée de François Mitterrand à la présidence de la République en 1981. Pour ma part, je revois encore l'émotion de mon père au moment où le visage de François Mitterrand se composa sur l'écran de télévision : cette image inoubliable, porteuse d'un formidable espoir de changement social positif, sans doute d'un changement dans notre vie personnelle (notamment, un rehaussement du niveau de vie pour les classes sociales inférieures, les prolétaires), généra un extraordinaire enthousiasme qui nous rendit à tous – à ma famille, aux camarades de la cité industrielle normande dans laquelle je vivais alors – pendant quelque temps la vie plus légère. Et peu importe, après tout, si mon père déchanta et fut assez vite déçu par cette élection dont la politique, si elle apporta un changement législatif crucial comme l'abolition de la peine de mort, non seulement ne modifia pas positivement le mode de vie des classes inférieures, mais en précipita même la déroute dans le bassin ouvrier de ma région où les usines commencèrent de procéder à des milliers de licenciements économiques. Malgré cela, et c'est assez cynique finalement, la promesse que constitua l'arrivée au pouvoir du président Mitterrand demeure un souvenir indélébile, porteur d'une formidable éclaircie. C'est que les promesses ont cette faculté d'ouvrir et d'agrandir notre temps intérieur non pas forcément en nous laissant espérer un avenir heureux, mais à tout le moins une évolution positive apparaissant sous les traits d'un avenir meilleur, guéri, apaisé, solutionné, éclairci, positif. C'est pourquoi, et dans une certaine mesure, les promesses valent autant pour leur concrétisation que pour l'enthousiasme qu'elles génèrent, l'optimisme qu'elles forgent, l'espoir qu'elles suscitent, autant pour leur réalisation que pour la croyance même qu'elles permettent d'une transformation positive, pour le voyage enivrant qu'elles favorisent, la terre promise à laquelle elles donnent à songer, le rêve auquel elles ont donné naissance, même si nous savons qu'un rêve reste un rêve et qu'il ne se réalisera probablement pas, qu'un rêve n'est peut-être pas fait pour être réalisé. En cela qu'elles nous maintiennent dans l'optimisme, dans une perspective motivante, apaisante, les promesses nous sont *a minima* utiles, elles ont un effet placebo et font disparaître un temps les inquiétudes, et il serait difficile de s'en priver totalement tant elles constituent l'élargissement poétique de nos vies. J'ai besoin que l'on me promette de venir me voir si je me sens déprimé, de résoudre tel problème dans ma vie ou de faire tout ce qui est possible pour continuer à prendre soin de moi, j'ai besoin qu'un politicien me promette un avenir meilleur pour supporter, et dépasser, en attendant, les désagréments de mon quotidien : sans ces promesses pansements je céderais au découragement ; celles-ci me tranquillisent et me font entrer avec une certaine sérénité dans une ligne du temps.

Sans doute ai-je débordé, dans les lignes précédentes, du sens même de la promesse et ai-je confondu, par facilité de pensée, la promesse avec le serment. Dans son poème « Lassitude », tiré des *Poèmes saturniens,* Verlaine évoque d'ailleurs la douceur réconfortante des serments de la personne aimée :

> Mets ton front sur mon front et ta main dans ma main,
> Et fais-moi des serments que tu rompras demain,
> Et pleurons jusqu'au jour, ô petite fougueuse !

Dépourvue de serments, même fragiles, ma vie ne serait sans doute pas invivable, ou si terrible, mais elle me serait moins agréable, moins quiète. Et peu importent les risques de connaître la déception ou la trahison des promesses non tenues, car la nature calmante, apaisante de ces serments-là permet déjà de mieux jouir du présent, d'entretenir ma croyance en l'avenir, de déjouer sa sombre et prévisible fatalité ; ces serments me sécurisent et me donnent une garantie provisoire, un moment de répit pour m'envisager plus loin dans le temps et combattre ce que Hannah Arendt nomme « la chaotique incertitude de l'avenir ». Ces serments sont un gain de certitudes provisoire dans ce monde incertain, une telle part de rêve dans ma réalité douloureuse que j'accepte que ceux-ci me déçoivent. La désillusion qu'ils m'annoncent n'est peut-être rien en regard du fabuleux espoir qu'ils me donnent déjà juste en s'énonçant. Les serments me font du bien, me réparent, et je n'en attends pas trop, je n'attends d'eux, précisément, que ce qu'ils me donnent dans le moment présent, leur force de *carpe diem*, occultant d'avance leur capacité, programmée, de me désillusionner. Ils sont intrinsèquement porteurs d'un bien-être de l'instant beaucoup plus puissant que leur force active de désenchantement. Peut-être même Verlaine voit-il dans le désenchantement des serments à venir une autre façon de jouir d'eux, un mode où la nostalgie produirait ou démultiplierait ses effets poétiques. Certes, nous avons vu que ce qui différencie la promesse de l'engagement et du serment est précisément sa radicalité et son irréversibilité, son absence d'excuses, et que sa finalité reste entièrement tendue vers son effectuation. Une promesse qui ne se concrétise pas n'est pas une promesse, mais un engagement ou un serment dont la radicalité se révèle être moindre, qui consiste précisément en une élasticité de sa parole, à une réversibilité, une contingence propre à sa réalisation puisqu'un serment peut se réaliser mais il peut aussi bien ne pas se réaliser et se satisfaire de produire une consolation provisoire, une joie particulière de l'instant.

Tenir parole en amour

Si la promesse se fonde sur une parole sacrée, nous ne saurions, de fait, évoquer celle-ci sans examiner son rapport avec l'amour, ni sans nous demander ce que vaut la promesse dans un contexte aussi irrationnel, soumis aux intermittences du cœur, aux vertiges des émotions, ni voir en quoi consiste le fait de tenir parole, de raisonner un propos dans un contexte aussi irraisonnable, circonscrit par les règles et les commandements d'une éthique. Nous pouvons en effet nous demander s'il n'est pas paradoxal de promettre quand nous aimons puisque l'amour devrait, par sa seule manifestation, suffire à susciter sa propre promesse, suffire à promettre la durée d'une histoire. Or il semble que l'amour et le langage des sentiments ne suffisent pas, et paraissent ne pas pouvoir se passer de la forme contractuelle verbale qu'implique l'acte de promettre. La promesse intéresse ici en ce qu'elle permet de repenser la relation sentimentale, d'en questionner le fondement même ainsi que le « principe moral ». Sans procéder à une démonstration philosophique de l'éthique d'une parole amoureuse, il convient toutefois d'en questionner ici la représentation afin de se demander sur quoi se fonderait une éthique générée par l'amour et quelles pourraient en être les limites. J'ai bon espoir, en procédant de la sorte, que l'on puisse trouver, en défrichant les ressorts d'une histoire emblématique – celle de Pupetta Maresca, légende populaire de Naples, qui m'a inspiré l'écriture de *La Malédiction de la Madone* –, un questionnement structurel, transversal, et des représentations axiologiques permettant de penser cette conjugaison de notions placée dans ce que nous pourrions envisager comme une éthique de l'amour.

La promesse fonde l'éthique de l'amour, son principe fondamental puisqu'elle se présente sous la forme d'un engagement explicite, qu'il s'agisse d'une demande que je fais à une autre personne, d'une parole énoncée oralement ou contractualisée par une parole écrite dans le sacrement du mariage, par exemple, où les partenaires se jurent fidélité et se promettent de se soutenir aussi bien dans la joie et dans la douleur, dans la santé et dans la maladie. La demande en mariage permet d'accéder à ce que Kierkegaard nomme le « stade éthique » de l'amour, le souci de se conformer à une norme, et met en lumière deux grands principes de la morale de l'amour : un principe moral de reconnaissance de l'autre – « l'intérêt inépuisable » pour l'autre, selon le philosophe Marcel Conche dans son *Analyse de l'amour et autres sujets* –, et un principe moral de réciprocité où les deux époux deviennent égaux en s'unissant, en se respectant et en se promettant le bien, soit en faisant vœu de bienveillance. Il arrive même que cette parole donnée, qui oblige et assigne des devoirs, active un impératif moral perdurant *par-delà la mort.* C'est aussi à cette question que j'ai voulu répondre en écrivant *La Malédiction de la Madone,* roman inspiré par l'histoire vraie, survenue au milieu des années 1950 à Naples, de cette jeune femme, Assunta Maresca, dite « Pupetta », adolescente qui a grandi dans le milieu de la Camorra napolitaine, et qui connut un destin infiniment romanesque, traversé par le tragique d'une passion amoureuse. Je me permets de rappeler brièvement les faits. Cette histoire commence comme un conte de fées. À dix-neuf ans, lors d'un concours de beauté qu'elle remporte dans la banlieue de Naples, Pupetta rencontre l'homme de sa vie, Pasquale Simonetti, un jeune boss de la Camorra. Une passion forte naît entre eux qui les conduit à se marier en avril 1955. Mais ce bonheur sera de courte durée, puisque, à peine cinquante jours après ce mariage, il se fait assassiner en pleine rue. Mariée, enceinte de six mois et déjà veuve à un âge où l'on expérimente la passion de façon innocente, Pupetta est désespérée. Elle dénonce à la police le nom de l'assassin et de son commanditaire, bien évidemment connus de tous, mais la police, vraisemblablement corrompue, n'agit pas. Alors, devant l'inertie des institutions, Pupetta se promet de rendre justice elle-même à son époux défunt ; cinquante jours après la mort de celui-ci, date symbolique, elle décide de prendre sa revanche en tuant le commanditaire de l'assassinat de son mari. Elle se fera arrêter quelques semaines plus tard et sera condamnée à dix-huit années de prison. Cette promesse que Pupetta s'est faite, et qui compromettait sa jeunesse et sa vie, n'a pas manqué de me bouleverser, sensible que j'étais au courage de cette femme d'honneur, cette personne de parole, héroïque et passionnelle, sincère et impulsive, qui n'a pas craint de se confronter à la violence mafieuse, celle d'un monde patriarcal, viriliste et machiste, pour restaurer la justice. Cette femme admirable est d'ailleurs devenue une figure emblématique à Naples et a déjà inspiré plusieurs films (*La Sfida*, notamment, de Francesco Rosi) ainsi qu'une chanson, « La legge d'onore ». Cette promesse de vengeance nous parle à travers le temps, elle interroge notre conscience de l'amour et de la justice : en effet, qu'aurions-nous fait à sa place, face à l'inertie des institutions, de la police et de la justice ? Nous serions-nous fait justice nous-mêmes pour sauver l'honneur de notre amour ? Pupetta aurait pu déléguer son acte et payer un tueur – ce sont des pratiques courantes dans la Camorra –, mais elle a préféré assumer son choix, ce crime d'honneur, se venger en son nom pour respecter le souvenir de son amour. Cette promesse est singulière car l'interaction qu'elle suppose s'établit avec un défunt, avec la mémoire, ou, plutôt, comme si cette interaction s'établissait avec elle-même et pour elle-même, en somme, comme si cette promesse elle se la faisait à elle. Plus profondément encore, cette promesse de vengeance fait de Pupetta l'égale d'héroïnes de la tragédie grecque comme Électre, Antigone ou Médée, des jeunes femmes d'honneur rebelles, courageuses, passionnelles, qui, pour rendre justice à un mari, un père ou un frère, n'hésitent pas à tuer, à se sacrifier, à rétablir une justice individuelle par-delà la mort. Par extension, dans ce cas, se promettre la vengeance permet d'initier une réflexion sur le sens éthique de la justice et renverse le sens des représentations que nous nous faisons du manichéisme ordinaire, lequel n'entre plus en relation d'opposition entre le bien et le mal, mais en relation d'association : en effet, Pupetta, la mafieuse, née dans la *malavita,* sublime la représentation négative qu'elle incarne en faisant preuve d'un puissant sens du devoir comme d'un vertueux désir de fidélité à la mémoire, alors que les institutions du bien, censées rendre la justice, trahissent leur éthique.

Cette histoire illustre de manière exemplaire l'entrée dans cette « religion de la parole » définie par Georges Gusdorf, au sens où la parole donnée, performative, est envisagée comme sacrée. Rien ne peut dissuader Pupetta de respecter sa parole pour rendre justice à son mari défunt, ni la peur de mourir, ni la crainte de finir en prison, ni même la pensée de sa maternité : le fait d'attendre un enfant, et de compromettre sa grossesse, lui fournissait d'avance une excuse légitime pour se dédire. En tuant le commanditaire de l'assassinat de son mari, Pupetta témoigne de son engagement indéfectible, de son authenticité personnelle en demeurant fidèle à la promesse spirituelle qu'elle a passée avec elle-même et avec son mari défunt, mais aussi avec son honneur ; en ce sens, elle devient une *femme de parole,* un être de confiance sur qui on peut compter. Chez elle, pour elle et pour les représentants de son clan, la morale devient constitutive d'une valeur de la parole, d'une religion constituée par la force du verbe. La valeur éthique de la parole, arrimée ou non à la religion, s'y déploie à travers une certaine piété, comme l'objet d'un dévouement, l'occasion d'un sacrifice – valeurs et raison d'être permettant à la jeune Pupetta de s'affirmer elle-même comme une femme d'honneur, la digne épouse de Pasquale Simonetti. Ce qu'il y a de moralement admirable dans cet acte terrible commis par Pupetta, c'est la constance exceptionnelle dont elle fait preuve depuis sa résolution de se venger, à accomplir un acte dont jamais, même après treize années de détention, elle ne se repentira, qui lui donnera pour toujours le sentiment du devoir accompli, de la réparation, du rétablissement de la justice. Cette « tenue » de l'engagement dans la continuité apparaît de la sorte comme l'« ombre d'éternité dans nos vies périssables » évoquée par Georges Gusdorf, qui est précisément l'espace temporel où s'inscrit l'amour inconditionnel. Il est en effet tout à fait remarquable que Pupetta, à travers la variance des sentiments, leur inconstance dans la durée, manifeste son honneur à tenir parole, qu'elle ne renonce pas à l'acte irréparable en dépit de sa situation fragile, du risque de l'emprisonnement, d'éventuelles représailles, et d'avorter sa maternité. Elle poursuit sa mission sans faiblir, elle fait ce qu'elle a à faire, respecte le *ce qui est dit est dit* constitutif de toute promesse. En un sens, la veuve Pupetta, brisée par le destin dans la force de sa jeunesse, incarne de manière exemplaire la figure de la promesse, de la parole donnée, performative, sacrificielle, sans attente de réciprocité, le refus de l'excuse, la fermeté du serment, l'indéfectible fidélité à l'époux, l'invariance et l'inconditionnel du sentiment bravant la mort, respectant l'éthique de l'amour, inscrivant cet amour dans la durée et lui assurant une vitalité par-delà la mort. C'est en cela que l'attachement de Pupetta à l'engagement devient sacral, que cette piété qui, dans une sorte de jusqu'au-boutisme démesuré, la conduit au meurtre, confère à la mémoire de son époux, à la promesse non trahie de l'aimer toujours, une forme de religiosité – qui n'est d'ailleurs pas inconforme aux codes de l'honneur de la mafia napolitaine dont les membres, à cette époque, ont un lien culturel fort avec la religion chrétienne. Elle pousse à l'extrême, et de manière radicale, le sens du devoir et des contraintes dans le mariage d'amour. En mettant tout son honneur à tenir sa parole, en affirmant très moralement la volonté de l'amour, Pupetta ne fait pas seulement que perdurer l'amour de son défunt mari, mais, en assurant la descendance de ce dernier, avec une force d'abnégation et d'effacement de soi puissamment religieuse, en donnant naissance à un fils – qu'elle nommera Pasqualino, le petit Pasquale – peu après sa condamnation et son incarcération, en reliant un mort à un vivant, elle fait prévaloir les forces de vie, inlassablement recommencées, sur les faiblesses qui conduisent à la mort. C'est la mort, ici, qui enfante, sans doute parce que, « l'amour veut l'enfant [...], l'union avec l'enfant », pour citer à nouveau Marcel Conche dans son *Analyse de l'amour et autres sujets*, et que « la mort n'est rien si l'on aime ce qui vient après soi ». L'éthique en amour est ainsi la promesse de rester fidèle à la parole donnée à travers le temps, non pas seulement une simple fidélité physique mais une fidélité plus puissante à la mémoire qui n'est pas éloignée de cette devise napolitaine : *Chi ama non dimentica* – Qui aime n'oublie pas. Cette devise n'entend pas une nostalgie inhérente mais convoque plutôt implicitement l'idée d'un impérieux devoir de mémoire conçu comme intrinsèque à l'amour : celui qui aime ne doit pas oublier, aimer, c'est s'obliger à ne jamais oublier.

Jusqu'ici je me suis efforcé d'exposer quelques arguments pour penser la promesse, et voir quels principes moraux, positifs, vertueux disons, cette promesse activait pour nourrir une éthique de l'amour, comme, notamment, la reconnaissance de l'autre et la réciprocité, le partage et le sentiment exacerbé du devoir et la fidélité de la mémoire, la probité et le respect, la persévérance et l'inclination à tenir son engagement par la raison et la volonté – principes susceptibles de nous montrer non seulement ce que nous pouvons promettre en amour, mais également ce que l'amour en nous, à travers nous, malgré nous, peut promettre. Ces principes, qu'incarne Pupetta, ne sont pas sans rappeler le concept fondamental de l'*Éthique* de Spinoza, le *conatus*, désignant « l'effort » en latin : ainsi promettre, ou se promettre, renvoie-t-il à l'effort de persévérance destiné non seulement à écarter la tristesse mais à imaginer ce qui abolira la cause de cette tristesse, un effort déterminant augmentant sa propre puissance d'agir, favorisant son élévation morale. L'éthique de l'amour s'efforce, en conséquence, de s'inscrire dans la durée d'un échange, de poursuivre un dialogue fût-ce avec un mort, afin de ne pas céder à l'inconstance humaine, à la variation des affects et des sentiments, *fluctuatio animi*. Cette signification éthique est d'ailleurs reprise par Paul Ricœur dans *Soi-même comme un autre*, qui fait de la tenue de la promesse dans la continuité l'exercice rigoureux de la permanence de soi, d'un rapport à l'autre en même temps que de la discipline qu'impose le fait d'être soi, de rester soi dans la durée :

> La parole tenue dit un maintien de soi qui ne se laisse pas inscrire, comme le caractère, dans la dimension du quelque chose en général [...] la

> tenue de la promesse [...] paraît bien constituer un défi au temps, un déni du changement : quand même mon désir changerait, quand même je changerais d'opinion, d'inclination, « je maintiendrai ».

Dans cet esprit, il s'agit pour la veuve Pupetta de se maintenir pour évoluer dans la durée et la profondeur d'une intensité commune, de respecter une attention permanente à son époux défunt ; c'est ainsi qu'œuvre la fidélité, fût-elle une fidélité aux morts. L'amour illustre alors idéalement l'union entre deux individus, qui s'inscrit dans une dynamique vertueuse temporelle comme l'écrit Gaston Bachelard dans son *Intuition de l'instant* :

> C'est à la fois une durée, une habitude et un progrès. Pour fortifier un cœur, il faut doubler la passion par la morale, il faut trouver les raisons générales d'aimer. C'est alors qu'on comprend la portée métaphysique des thèses qui vont chercher dans la sympathie, dans le souci, la force même de la coordination temporelle. C'est parce qu'on aime, qu'on souffre que le temps se prolonge en nous et qu'il dure.

Il est également tentant d'associer le cas Pupetta à la nouvelle interprétation que fait Jacques Derrida, dans *Avances*, de l'un des dialogues de Platon, le *Timée*. Il s'efforce, écrit-il, de « problématiser les figures paradoxales du démiurge » platonicien, tout à la fois représenté comme un modèle exemplaire, dieu artisan œuvrant à un édifice considérable et comme un « dieu embarrassé », agonisant, en proie au désœuvrement et à l'impuissance, « toujours à la limite de ne plus *pouvoir* représenter le monde qu'il produit à l'image idéale des dieux immortels ». C'est ici que Derrida questionne efficacement la thématique de la promesse en montrant combien les limites affichées par le démiurge constituent la sorte même de son paradoxe : en effet, dans le même temps où le démiurge affiche toute sa volonté et sa sincérité dans sa promesse d'accomplir pleinement sa tâche et de produire un monde idéal, cette promesse ne manque pas d'inquiéter et de comporter une menace suprême, non de ne pas s'accomplir mais de s'accomplir sans empirer la situation, sans produire inexorablement le chaos du monde. À cette terrible issue d'un monde où l'autorité démiurgique semble frappée par l'impuissance, où l'immortel devient finalement un mortel comme un autre, aussi faible et fragile qu'eux, incapable de tenir sa parole, Derrida questionne, pour rendre l'aporie productive, la responsabilité de la promesse, qui se révèle être une responsabilité sans limite incombant, par conséquent, aux hommes. Si plus personne, en raison de la mortalité du démiurge, n'est en capacité de tenir une promesse, c'est aux hommes de s'en emparer pour la tenir, de prendre sa succession pour relever le défi, de transformer la fatalité de l'impossible en possible. Il en va de même, au fond, pour la promesse institutionnelle : lorsque le pouvoir institutionnel, comme dans la situation de Pupetta, se destitue ou se corrompt, il tient aux hommes, soit à la population qui a contribué à son instauration, de se réapproprier ses promesses, et sans doute le pouvoir, quitte à ce que ce soit par la révolution, afin de les réaliser. La population est responsable des institutions qu'elle porte au pouvoir.

Si je m'arrête sur le personnage de Pupetta, c'est qu'il cristallise toutes les dimensions de l'amour et qu'il illustre pleinement et de manière concrète le propos du philosophe Alain relatif à la promesse dans *Propos sur le bonheur*, chapitre XCII, « Du devoir d'être heureux ». Sans doute, écrit-il, puisqu'il est facile « d'être malheureux ou mécontent », de céder à une forme de passivité ou de renoncement à vivre les choses, l'acte d'amour le plus beau, peut-être le plus noble finalement, serait de vouloir être heureux, d'en faire la promesse à l'autre comme de s'en faire pour soi-même le devoir. Ce serait là, en l'occurrence, l'offrande suprême, l'acte de générosité ultime qui n'est pas tant de rendre l'autre heureux mais d'être heureux à cause de lui, en raison de lui, pour lui, afin que notre bonheur rejaillisse sur lui ou sur sa mémoire si celui-ci n'appartient plus à ce monde, si celui-ci est mort. Il s'agit là d'une discipline morale exemplaire, qui ne résulte pas, comme nous pourrions le penser de façon paresseuse, d'un désir égotiste ou narcissique – cela consisterait, au contraire, à se plaindre de la vie, à trouver des excuses et des circonstances atténuantes pour ne pas être heureux, et à se complaire dans un sentiment de malheur –, mais du plus sérieux des altruismes : même si je traverse une période difficile, même si ma vie ne correspond pas à celle que j'attendais, je ne peux me laisser vaincre par la fatalité des passions tristes et je dois me forcer coûte que coûte à être heureux, par politesse pour l'autre, pour lui rendre hommage, lui témoigner ma reconnaissance de figurer dans ma vie. En quelque sorte, si je l'aime, si je lui dois en partie ce que je suis, je lui dois également d'être heureux.

> Ce que l'on n'a point assez dit, c'est que c'est un devoir aussi envers les autres que d'être heureux. On dit bien qu'il n'y a d'aimé que celui qui est heureux ; mais on oublie que cette récompense est juste et méritée ; car le malheur, l'ennui et le désespoir sont dans l'air que nous respirons tous ; aussi nous devons reconnaissance et couronne d'athlète à ceux qui digèrent les miasmes, et purifient en quelque sorte la commune vie par leur énergique exemple. Aussi n'y a-t-il rien de plus profond dans l'amour que le serment d'être heureux. Quoi de plus difficile à surmonter que l'ennui, la tristesse ou le malheur de ceux que l'on aime ? Tout homme et toute femme devraient penser continuellement à ceci que le bonheur, j'entends celui que l'on conquiert pour soi, est l'offrande la plus belle et la plus généreuse.

Pupetta, après l'assassinat de son mari, *ne se laisse pas abattre*, si je peux me permettre l'expression, elle s'efforce de vivre en se faisant justice comme en donnant naissance à son enfant en prison, en perpétuant la vie et en continuant la sienne comme si aucun drame ne s'y était joué. Elle, la croyante, que tant d'épreuves ont accablée avant ses vingt ans, donne une formidable leçon de vie en prenant le parti de vivre, d'une survie prenant naissance dans le sentiment du tragique.

S'asservir à la parole donnée

Évidemment, cette forme exemplaire de la passion incarnée par Pupetta, vertueuse jusque dans ses limites et dans sa fidélité à la mémoire par le crime, éthique par son devoir de continuer à vivre, est sans doute trop extrême pour fournir un modèle commun, plus représentatif, de l'amour. Mais elle permet néanmoins de mettre en lumière les caractéristiques générales et les propriétés fondamentales de l'amour – comme l'affirmation de soi et le déploiement des capacités personnelles, l'épanouissement et la fortification de sa propre nature dans la réciprocité, l'agrandissement de soi par l'autre et de sa puissance d'agir, le respect de la mémoire de l'être aimé et le déploiement du sens du devoir à son endroit –, et de témoigner de manière pertinente de ce que peut signifier le fait d'aimer et de tenir parole en amour, de la façon dont devrait s'incarner pleinement l'amour dans sa version la plus passionnelle. C'est pourquoi, après avoir posé ce cadre, j'aimerais maintenant m'intéresser au caractère néfaste de la promesse, en montrant comment celle-ci peut induire une rupture du principe d'équilibre et de réciprocité dans l'économie des forces amoureuses, soit une dissymétrie dans la relation conjugale, et devenir, dans certaines situations, comparable à une passion triste, emprisonnant et condamnant le promettant. À ce stade, je souhaiterais ainsi rouvrir le dossier de la promesse pour en examiner de nouveau la notion et la contredire, à partir d'un texte de Jean-Paul Sartre, extrait du chapitre III de *L'Être et le Néant* :

> Celui qui veut être aimé ne désire pas l'asservissement de l'être aimé. Il ne tient pas à devenir l'objet d'une passion débordante et mécanique. Il ne veut pas posséder un automatisme, et si on veut l'humilier, il suffit de lui représenter la passion de l'aimé comme le résultat d'un déterminisme psychologique : l'amant se sentira dévalorisé dans son amour et dans son être. [...] Ainsi l'amant ne désire-t-il pas posséder l'aimé comme on possède une chose ; il réclame un type spécial d'appropriation. Il veut posséder une liberté comme liberté.

Mais, d'autre part, il ne saurait se satisfaire de cette forme éminente de la liberté qu'est l'engagement libre et volontaire. Qui se contenterait d'un amour qui se donnerait comme pure fidélité à la foi jurée ? Qui donc accepterait de s'entendre dire : « Je vous aime parce que je me suis librement engagé à vous aimer et que je ne veux pas me dédire ; je vous aime par fidélité à moi-même » ? Ainsi l'amant demande le serment et s'irrite du serment. Il veut être aimé par une liberté et réclame que cette liberté comme liberté ne soit plus libre. Il veut à la fois que la liberté de l'Autre se détermine elle-même à devenir amour – et cela, non point seulement au commencement de l'aventure, mais à chaque instant – et, à la fois, que cette liberté soit captivée par elle-même, qu'elle se retourne sur elle-même, comme dans la folie, comme dans le rêve, pour vouloir sa captivité. Et cette captivité doit être démission libre et enchaînée à la fois entre nos mains. Ce n'est pas le déterminisme passionnel que nous désirons chez autrui, dans l'amour, ni une liberté hors d'atteinte mais une liberté qui joue le déterminisme passionnel et qui se prend à son jeu.

Ce texte stimulant intéresse en ce qu'il contrevient à l'acception commune, positive, recelée par la notion de promesse, en nous proposant des arguments pour réfléchir efficacement aux limites de celle-ci, à travers, notamment, le paradoxe constitué par la demande de fidélité durable au pacte institué par la promesse : en effet, à quoi sert donc la promesse de fidélité si l'amour qui l'a conçue et produite n'a plus cours ? Pourquoi tenir une parole que le contexte ne justifie plus et que les sentiments semblent avoir prescrite ? Cette morale de l'engagement jusqu'au-boutiste, qui consisterait à demeurer fidèle à une parole absurde, dont le sens s'est épuisé, est-elle encore morale ? En effet, alors qu'il nous est important de concevoir l'amour par le prisme d'une réciprocité fidèle qui entretient la confiance et la force interactive nécessaire à la construction du sentiment entre deux partenaires, Sartre nous incite à concevoir le risque susceptible de naître du serment de fidélité dans une situation conjugale critique, lorsque par exemple la lassitude et l'agacement des habitudes, l'extinction totale des sentiments prennent le pas sur la joie des premières années et finissent par inquiéter pour frapper l'amour de sa finitude. Bien sûr, nul amant n'est assez naïf pour ne pas envisager avec méfiance les conséquences de l'œuvre du temps sur nos sentiments et nos désirs, et aucun n'ignore vraiment que si la durée, en s'inscrivant dans une continuité ordonnée par des habitudes, peut parfaire un amour, lui donner sa consistance et son épaisseur, tout son sens et sa raison d'être, cette même durée peut finir, à terme, par être perçue en horreur et devenir la source d'un important sentiment de lassitude, l'agent même de la décomposition conjugale. Et s'il est naturel qu'au fil du temps l'amour traverse un état de crise, qu'il connaisse des perturbations, des conflits et des désaccords, y compris des désaccords physiques, car le désir du même s'érode et se change insensiblement en désir de l'autre, il est sans doute contre-nature de rester fidèle à une promesse lorsque cet état de crise est devenu irréversible. Mais alors que Spinoza, le joyeux, ne considère pas cet état comme une fatalité problématique, pour la raison que l'amour, pour être amour justement, se représente comme une sagesse s'éprouvant dans le temps et les difficultés, s'imposant un devoir de résistance et de soumission à ce qu'il appelle *la force d'âme,* Sartre, l'existentialiste libertin, fameux théoricien de contingence amoureuse, pense lui que le déclin de l'amour n'est pas une fatalité à laquelle nous devons nous soumettre, une punition que nous devons nous infliger, mais que ce déclin doit nous offrir, au contraire, l'opportune occasion de notre liberté, le prétexte pour nous affranchir de toute promesse dont la signification et le pacte ont perdu leur actualité, pour ne pas dire leur sens. Autrement dit, si, en amour, nous promettons et demandons fidélité, ce serment ne manquera pas de nous contraindre, par la suite, si jamais nos sentiments en viennent à s'éroder et si notre promesse se réduit à n'être qu'un simple pacte auquel nous ne croyons plus, qu'aucun sentiment ne domine ni ne régénère, si nous restons fidèles uniquement en vertu de la parole donnée alors que le cœur, lui, et tout l'amour qu'il contenait, s'est dérobé.

Un certain paradoxe naît inévitablement de la promesse, du fait de tenir sa parole et d'y rester fidèle (*fides*, en latin, est un terme religieux désignant la fidélité) dans un contexte qui ne le justifie plus, sachant que la fidélité reste l'absolu que, dans notre société et selon nos principes moraux, nous espérons de la personne aimée et que nous devons en retour, cependant, notre fidélité à une promesse que l'expérience conjugale, les habitudes et le temps auraient fini par entamer, voire que nos propres sentiments ou désirs auraient corrompue, peut devenir une fidélité contraignante, pesante, peu épanouissante et finalement contraire à l'esprit de l'amour-même, à sa liberté intrinsèque. Par conséquent, et si nous acceptons majoritairement l'idée de fidélité en amour, nous ne souhaitons pas, en revanche, que cette fidélité ne tienne qu'à un absurde sentiment du devoir détaché de toute forme sentimentale, de toute relation purement affective, nous ne souhaitons pas que notre relation ne devienne qu'une *mécanique* de fidélité, que notre partenaire reste avec nous par simple fidélité à son serment, juste pour tenir une promesse à laquelle il ne croit plus. Cela n'aurait pas de sens pour nous et notre promesse ne tiendrait plus, pour le coup, à une quelconque moralité mais dériverait alors du devoir auquel l'amoureux nous soumet : dans ce cas, ce ne serait plus tant que l'amoureux nous soumettrait moralement en raison de sa vulnérabilité mais bien – et seulement – que la puissance d'un devoir aussi aveugle qu'obstiné, d'un pouvoir absurde, qui ne viserait plus qu'à remplir sa fonction sans plus nourrir aucune croyance quant à sa vocation. Nous avons vu plus haut que l'éthique de la promesse devait s'appréhender avant tout comme une éthique du devoir, mais qu'en serait-il si même ce sentiment farouche du devoir ne trouvait plus sa tâche pertinente et s'était transformé en un devoir dépourvu d'intérêt entre – et pour – les deux protagonistes, aussi bien pour le créancier que pour le débiteur, qu'en serait-il si dans la comptabilité des sentiments le devoir n'était plus un sentiment sur lequel compter pour cimenter son couple ? Nous souhaitons que l'autre soit libre de nous quitter comme il était libre de nous aimer et de faire sa vie avec nous, nous souhaitons qu'il soit fidèle à sa promesse de fidélité initiale à la seule condition que cette promesse vaille encore pour lui, ne soit pas vidée de tout affect et n'ait pas épuisé en elle-même l'idée de l'amour, son intensité et la sincérité dans laquelle elle s'enracine. Une fidélité mécanique, sans âme ni cœur, qui ne ferait que l'obliger et obéir à une « détermination psychologique », à un sentiment obsolète, entraverait le principe même de l'amour et ne pourrait que décevoir celui qui continue d'aimer librement. Cela nous peinerait, naturellement, que notre partenaire consente à rester sans plus rien ressentir de positif pour nous, et qu'il reste avec nous contre ses aspirations profondes et ses vrais sentiments, par devoir, par obligation ou par une sorte de pitié que nous lui inspirerions, ce serait là notre pire humiliation. Nous préférerions qu'il profane sa promesse, et en brise définitivement le pacte sacré, plutôt qu'il continue à vouer un culte à une parole dont les termes ne lui conviennent plus. Bien sûr, de l'extérieur, cette constance peut nous paraître un acte de fidélité louable, vertueuse, voire admirable, mais elle reste insupportable pour celui qui la vit de l'intérieur, pour celui qui en est l'objet et qui se sent l'otage d'une parole, la monnaie d'un échange moral entre le sentiment d'amour et le sentiment de pitié. L'authentique amour ne peut constituer une geôle, se réduire à être une forme d'asservissement volontaire, de soumission ou de captivité contredisant l'idée commune d'un amour libre et pleinement partagé. Quel amoureux, sain d'esprit, je veux dire non tourmenté – s'il est possible qu'un amoureux ne le soit pas ! –, aspirerait à vivre auprès d'un captif amoureux, comme Albertine, capricieuse, énigmatique et menteuse, qui inspire tant de tourments jaloux au narrateur de *La Prisonnière* de Marcel Proust qu'il en vient à la surveiller comme pour vérifier à chaque instant la vérité des sentiments qu'elle éprouve, et ce, jusqu'à sonder son sommeil ? Telle inquiétude constante, telle souffrance masochiste ne nous semblent pas convenir à un idéal de réciprocité sentimentale. Nous ne voulons ni que l'autre soit prisonnier d'un devoir de fidélité, ni nous emprisonner dans une croyance fausse de l'amour, dans un délire sentimental qui nous donnerait l'illusion de l'amour. En somme, nous voulons que l'autre reste avec nous parce qu'il nous aime, ou bien qu'il nous quitte parce qu'il ne nous aime plus, mais non qu'il reste avec nous s'il ne nous aime plus simplement pour rester fidèle à une promesse. Aucun amoureux n'entend que sa relation conjugale s'accroche laborieusement à un songe sentimental, à une parole périmée, à une promesse qui s'enorgueillirait de mourir pour son idée. Le texte de Sartre nous interroge efficacement sur la pertinence de respecter aveuglément un engagement, par souci de rester fidèle à une idée vertueuse qui, dans le même temps, rendrait son principe moral vicieux. Telle promesse montrerait, de la sorte, sa propre limite en même temps que le paradoxe de l'amour, son caractère diabolique, sa mécanique retorse, puisque, si nous attendons que notre partenaire respecte son engagement, nous serions déçu qu'il s'oblige à l'honorer. La réserve émise dans ce raisonnement de Sartre invite à penser notre liberté en amour : contrairement au narrateur proustien qui préfère pathologiquement la possession à l'amour, l'emprisonnement d'Albertine à sa liberté, il ne nous importe pas de posséder l'autre à tout prix, sans retour d'amour, ou plutôt, sans que l'autre se sente aussi libre que nous de se laisser posséder et de nous posséder, car nous nous sentirions coupable de nier sa liberté, non par crainte de nous faire désaimer, mais tout bonnement par désir d'aimer un être libre de ses choix, lui-même déterminé à nous aimer librement : ne pas quitter un partenaire que l'on n'aime plus simplement parce qu'on lui a promis de vivre avec lui, c'est se sacrifier pour s'asservir à une parole, c'est demeurer seul *dans* et *avec* sa fidélité, c'est finalement rester « fidèle à soi-même » plus qu'être fidèle à l'autre, pour reprendre l'expression de Sartre, c'est se faire le prisonnier de ses sentiments. Dans cette situation, paradoxalement, ne pas renier sa promesse revient à nier le principe de l'amour. Pour le dire autrement, tenir sa promesse peut constituer une autre forme de trahison.

Il convient de revenir un instant sur la fameuse union libre instaurée entre Jean-Paul

Sartre et Simone de Beauvoir, plaçant leur couple au-dessus de toutes les autres aventures secondaires autorisées, distinguant les *amours nécessaires* des *amours contingentes*, proposant une sorte de pacte d'infidélité translucide imposant d'exclure le mensonge de la relation : celui qui s'autorise une aventure doit l'avouer à l'autre. Et nous connaissons désormais ces multiples aventures tolérées, concédées à partir du moment où les deux commenceront d'éprouver une certaine lassitude de leur couple fondé sur une absolue sincérité : notamment, les relations de Beauvoir avec Olga, l'immigrée russe, Bianca Bienenfeld, une ancienne élève, Jacques-Laurent Bost, ancien élève de Sartre, Claude Lanzmann, Fernando Gerassi, Arthur Koestler, René Maheu, Nelson Algren ; notamment, les relations de Sartre avec Wanda, la sœur d'Olga, Bianca Bienenfeld, Dolorès Vanetti, Arlette Elkaïm, Michelle Vian, Évelyne Rey, Liliane Siegel, Lena Zonina, Melina. Mais nous n'ignorons plus que ce pacte permissif, qui distinguait hiérarchiquement les amours secondaires en ne leur accordant pas le même niveau d'importance, n'empêchait pas les dissensions jalouses entre Sartre et Beauvoir, et que cette dernière, possessive malgré tout, vivait mal la polygamie de Sartre. Ce pacte avait d'ailleurs quasiment exclu la sexualité de leur propre couple, nous le savons après avoir lu certains commentaires de Sartre parlant de son peu d'appétence pour la sexualité dans ses entretiens de 1974, pour ne pas nommer une certaine frigidité (« Les rapports sexuels avec les femmes, c'était obligé parce que les rapports classiques impliquaient ces rapports-là à un moment donné. Mais je n'y attachais pas une telle importance » ; « Comme j'étais convenablement sexué, je bandais rapidement, facilement ; je faisais l'amour souvent, mais sans un très grand plaisir » ; « J'étais plutôt un masturbateur de femmes qu'un coïteur »). De même, lisant les *Mémoires d'une jeune fille rangée* de Simone de Beauvoir, nous apprenons que la jeune fille rangée avait pour Sartre, le premier homme de sa vie, une grande estime intellectuelle, une admiration quasi fraternelle et qu'elle considérait leur relation amoureuse comme quelque chose, comme elle nous l'apprendra dans sa correspondance avec Nelson Algren, son amant américain, « qui se rapprocherait plutôt d'une fraternité absolue – sexuellement, ce ne fut pas une parfaite réussite, essentiellement à cause de lui, il n'est pas passionné par la sexualité ». Sans douter de la véracité de ces mots, il faut sans doute se méfier de la sincérité de tels propos destinés à un amant lointain, lui-même pris d'une certaine jalousie : il n'est pas impossible qu'elle atténue ici un fait pour rassurer son amant. Au-delà de ce tumulte amoureux, il n'est pas intéressant de voir la façon dont ce couple infiniment bourgeois finit par représenter, dans l'histoire de la littérature, non un couple modèle, mais un modèle absolu de l'émancipation conjugale, du couple moderne, faisant imploser la vision souffrante de la séparation et de l'amour divorcé en conjuguant, dans une formule éprouvée, la *promesse de fidélité* au *pacte d'infidélité*, comme si, dans cette optique, l'infidélité physique ne possédait aucun pouvoir de prescription sur la fidélité sentimentale, spirituelle, intellectuelle, et que, dans le domaine de l'amour, le charnel se dissolvait en amour sous l'effet de sa théorisation.

Faire histoire, se faire héros, et autres promesses de la littérature

Pourquoi est-ce que je veux, malgré tout ce que je risque et tout qu'il m'en coûte, promettre ? Pourquoi est-ce que j'en viens à me placer dans une position difficile et à prendre le risque de m'engager totalement dans un projet, alors que nul ne m'y oblige ? Faut-il pourtant qu'une raison conditionne puissamment une promesse quand une simple parole mesurée, envisageant son propre retrait et son impossibilité (« Si je peux, je le ferai »), suffirait ? Quelle raison me pousse à m'engager avec tant de conviction sinon la certitude que j'honorerai ma promesse ? Et comment, pourquoi, ne puis-je pas douter de l'honorer ? D'où vient ma certitude ? Quelle force intérieure me fait savoir que je parviendrai à la tenir ? Parmi les raisons déterminant mon engagement, il y a sans doute – ce n'est qu'une hypothèse – celle, plus ou moins consciente, de vouloir *faire histoire*, d'entrer dans le roman que je voudrais écrire, de s'ouvrir, le temps de l'aventure, par un narratif privilégié avec un interlocuteur – celui auquel on promet – ou avec soi-même – celui auquel on se promet. Promettre me fait pénétrer dans une histoire qui me dépasse, dont j'ai pourtant choisi d'être le personnage principal en attendant probablement d'en devenir le héros. Promettre me propose un défi, m'invite à me dépasser, car mon action, si elle aboutit, si elle me couronne de succès, m'assurera une estime sans limite, une reconnaissance infinie, ou me rassurera moi-même quant à mon potentiel, elle me fera changer de stature et de dimension, elle me donnera la grandeur que la vie ne sait pas toujours me donner, l'épaisseur que celle-ci me refuse. La promesse doit s'envisager dans cet élargissement de soi, cet agrandissement héroïque. Il est vrai qu'une personne de parole sera considérée comme vertueuse, celle en laquelle dominent les valeurs de fidélité, de loyauté, de fiabilité et sur laquelle, de fait, on peut compter, puisque rares sont les personnes à avoir le courage de se mettre en jeu pour sacraliser la parole, l'élever au-dessus de toutes les autres, du flux des propos gratuits, superficiels. C'est précisément parce que nul ne peut garantir une parole, toujours dépendante de contraintes extérieures, que le promettant se verra subitement octroyer un statut supérieur, doté d'une parole performatrice, d'une force d'anticipation et d'une capacité de prédiction : celui qui tient parole prédit en quelque sorte l'avenir, il se dote du superpouvoir de lire dans le temps, de la capacité qu'a le poète de prophétiser le monde, de voir avant les autres, de garantir un résultat. Celui qui promet n'est peut-être pas autre chose qu'un voyant capable de réaliser des prophéties, un voyant rimbaldien capable de se transformer pour faire de soi un autre et de faire coïncider toutes les dimensions de soi dans le temps.

Mieux que de devenir le héros, le désir de faire histoire motive souterrainement celui qui promet. Quand je commence d'écrire un roman, dès les premiers mots je promets implicitement au lecteur de lui raconter une fable, de l'embarquer dans un monde, une aventure du langage, avec ou sans rebondissements, qui le transformera peut-être à la fin, ou qui, du moins, le questionnera. De même, quand l'amoureux promet à sa conjointe de l'aimer toujours et de lui rester fidèle, il ne cherche pas tant à la réjouir ou à la rassurer qu'à l'embarquer dans un narratif dicté par le cœur et la sincérité. De même, lorsque l'alcoolique, dans un sursaut d'orgueil, promet aux siens de ne plus boire, il commence, dans le grand récit de sa vie, un nouveau chapitre dans lequel s'envisage une autre histoire, celle de sa sobriété future, de son avenir sans alcool, de l'homme qui ne boit plus : alors son héroïsme s'accomplira sans l'ami même qui le faisait s'imaginer justement en héros. Son héroïsme sans alcool lui infligera de se confronter directement au réel, à voir ce qu'il n'a pas voulu voir. Le réel sera la punition dont il sera accablé. De même, lorsque la personne blessée, humiliée, promet de rendre justice, son désir de vengeance déroge soudain à l'histoire ordinaire qui s'écrivait sans ce sentiment pour incliner cette histoire dans une direction inattendue. Tous les auteurs d'une promesse se transforment, à leur insu, en raconteurs d'histoires, mais d'histoires qu'ils n'auraient probablement pas songé à écrire : la promesse, qui s'initie par le langage et la parole, se fait motrice d'un nouveau récit de vie, d'une histoire différente de celle que l'ordinaire aurait probablement écrit. Il se loge dans la persévérance et la volonté tenace de tenir promesse, dans le vague désir de narrativiser le cours de son histoire, de récrire son destin, sa *story*, contre la fatalité d'une vie passive ou subie, dont le promettant se veut désormais le protagoniste.

Le rapport de la promesse à la littérature doit être approfondi non seulement pour voir comment les thèmes qui lui sont inhérents, comme le devoir, la morale, la confiance, y sont abordés, traités, exploités dans l'économie de la narration, mais aussi pour voir comment celle-ci s'inscrit dans un dispositif narratif, et plus précisément comment l'écriture de la promesse pulvérise les thèmes qu'elle met en place afin d'élaborer sa propre forme éthique et de participer d'une morale. Il s'agirait de voir de quelle façon et dans quelle mesure l'écriture fait promesse, et quelle sorte de promesse elle tient. Cette hypothèse culmine dans le célèbre texte de Romain Gary, qui utilise la promesse comme levier narratif, mais en détournant le sens d'une promesse qui, telle qu'il la présente, n'en est pas réellement une, n'en est plus une. Personne ne lui fait de promesse, en réalité, surtout pas sa mère, mais c'est bien lui qui surinterprète l'amour de sa mère en voyant dans celui-ci le mirage d'un amour absolu, inconditionnel, qui décevra toutes les amours qu'il nouera par la suite avec d'autres femmes. Il abuse en quelque sorte le sens de la promesse en comparant l'amour de sa mère à l'amour des autres femmes, mais surtout en feignant d'ignorer la différence de nature de ces amours qui, en soi, ne peuvent être comparées. Évidemment, et même si son texte, *La Promesse de l'aube,* est d'inspiration autobiographique, Gary n'a probablement pas la naïveté de son narrateur qui se croit de la sorte promis à l'amour et il doit savoir que la promesse de l'amour maternel ne peut rien lui promettre d'autre, ne peut tenir lieu de tous les amours. L'illusion de laquelle il consent à être la victime – et qui trahit une vision infiniment égotiste – sert une thématique comme un projet littéraire plus subtil. Gary, l'homme aux multiples visages, dissimulé sous différents pseudonymes, instrumentalise la promesse pour faire croire, pour produire l'illusion.

La promesse fournit aux écrivains un puissant élément de dramatisation et de suspens, un embrayeur thématique, comme chez Stefan Zweig dans sa nouvelle *Le Voyage dans le passé.* L'histoire se déroule en Allemagne, en 1912. Louis, un jeune homme pauvre, devient le secrétaire particulier du directeur d'une usine de sidérurgie duquel il a toute la confiance et qui lui propose de séjourner dans sa demeure bourgeoise. C'est là que Louis rencontre l'épouse du directeur, une femme de trente ans, belle, et il s'éprend secrètement d'elle. Elle-même n'est pas insensible au charme de Louis, et bien vite elle ressent pour lui des sentiments, sans pouvoir les partager. S'ensuit un huis clos où la passion ne se dit ni ne se réalise, mais se fantasme, se lit dans les regards. Malade, le directeur propose à Louis de diriger une importante exploitation de mines de fer au Mexique – proposition à laquelle le jeune homme, ambitieux, désireux de s'extraire de sa condition, ne peut se soustraire. L'annonce soudaine et inattendue de ce départ provoque la surprise et le désespoir de l'épouse, qui finit par avouer à Louis son amour. Pour autant, cette nouvelle ne dissuade pas Louis de partir, puisque de toute façon leur amour resterait interdit. C'est alors que l'épouse fait au jeune homme la promesse de lui appartenir à son retour, dans deux ans. Le temps passe, et Louis s'oublie dans le travail, pour ne pas penser à cet amour qui s'offrait à lui. Alors que son retour s'envisage enfin, la Première Guerre mondiale survient, il ne peut pas rentrer. Plusieurs années s'écoulent. Louis se résigne et finit par se marier. Mais à la fin de la guerre, alors qu'il doit revenir en Allemagne, il ne peut s'empêcher de contacter l'épouse du directeur et de la rejoindre. Le directeur est décédé, et l'épouse, devenue veuve, prend conscience de son vieillissement ; Louis et elle constatent avec regret que le temps a eu raison de leurs sentiments, de leur amour qui restera platonique, et de leur promesse même. L'écriture de cette nouvelle, dans son économie et ses stratégies narratives, entretient un rapport indirect à la morale, non seulement parce que cette nouvelle réduit le propos à sa quintessence verbale et se dispense de phrases gratuites, de descriptions bavardes, mais aussi parce que, en se hissant à hauteur de littérature, en faisant de l'écriture son enjeu, en prenant le parti pris de la forme – comme Francis Ponge prend le parti pris des choses –, Zweig relève un authentique défi littéraire et tient de fait une promesse d'écriture où la morale s'affirme comme une manière de respecter la littérature.

Ce constat vaut pour nombre d'autres textes évidemment, y compris ceux qui ne traitent pas de la promesse, car il n'est guère besoin d'évoquer la promesse pour en faire un enjeu, et la traiter non comme un simple thème, mais comme un actant essentiel et performatif de l'écriture, comme une priorité formelle. Tenir promesse de littérature serait ainsi privilégier l'écriture, ce serait se référer à une promesse non formulée, implicite, invisible dans l'épaisseur du texte mais visible dans sa forme même et sa pensée.

Une question insidieuse surgit à propos du rapport que la promesse entretient avec la littérature, particulièrement la littérature autobiographique. En effet, l'exploitation de sa vie dans l'écriture interroge profondément notre rapport à une vérité de soi et à la sincérité : comment s'écrire en restant fidèle à ce que l'on est ou croit être ? Lorsque j'écris un récit autobiographique, je promets implicitement au lecteur de lui confesser une vérité à mon sujet, je noue un *pacte de vérité* avec lui, mais lorsque j'écris une autofiction, en revanche, je noue avec lui un pacte de fiction par lequel je le préviens, en mentionnant sur la couverture qu'il s'agit d'un « roman », que la vérité décrite sera d'un ordre romanesque et que cette vérité, pourtant référentielle, vérifiable, ainsi dévoilée, assumera intrinsèquement sa part de fiction. Il est ici nécessaire de préciser que deux tendances composent la littérature autobiographique. Une tendance orthodoxe, non fictionnaliste, retranscrivant fidèlement, selon un pacte de véridicité, l'expérience vécue, s'efforçant de restituer au mieux la mémoire : le récit témoignant de ma vie élabore une stratégie de l'aveu en même temps qu'une esthétique de la transparence, un rapport sans ambiguïté, sans ambivalence à la vérité, rejetant tout dispositif fictionnel et fondant, par conséquent, son contrat de lecture sur l'exactitude référentielle comme sur un principe ou un régime de vérité, même si, pour autant, le lecteur ne doit pas s'interdire de suspecter la promesse de vérité proposée par le récit autobiographique, ni s'interdire de penser que ce type de récit possède un certain coefficient de fictionnalité, au moins par son impossibilité d'épuisement exhaustif des souvenirs, au moins par la synthèse et la sélection effectuée des références, au moins par ses omissions plus ou moins volontaires, plus ou moins conscientes, au moins par l'orientation réduite qu'il donne à son thème – ces stratégies peuvent être considérées comme un dispositif fictionnel. Un texte autobiographique, aussi sincère soit-il dans son intention, aussi soucieux de retranscrire factuellement les choses, procède inévitablement, par son parti pris formel, son découpage, sa sélection d'informations et ses occultations, d'une forme de réélaboration fictionnelle et participe presque systématiquement d'une sublimation du réel : il procède à sa propre transformation. De fait, par bien des côtés, le récit autobiographique peut apparaître comme une fiction qui s'ignore ou veut s'ignorer. À ce sujet, nous conservons tous à l'esprit des controverses produites par ces textes problématiques qui montrent combien le texte autobiographique, genre hautement périlleux, dans son art du dévoilement et du recouvrement, ou de l'ensecrètement fictionnel, questionne l'éthique, invite à réfléchir aux relations entre littérature et morale, aux rapports qu'entretient la littérature autobiographique avec la vérité et le réel. Il en va différemment pour la tendance hétérodoxe, fictionnaliste, de l'autofiction proprement dite, défendant une permissivité de la récriture du vécu, une réinterprétation libre jouant avec l'inconscient du sujet ou falsifiant son référentiel jusqu'à sa réinvention par la mémoire et le langage. Alors que le récit autobiographique se situe dans la rétrospection factuelle du passé, dans une récapitulation et restitution fidèle, et promet de dire la vérité, l'autofiction se loge au contraire, dans une prospection inventive de l'écriture fictionnelle (le grand principe autofictionnel tenant dans le fait que le souvenir se fait recréateur d'histoires, permet une reprise scripturale dynamique : se remémorer, selon Serge Doubrovsky, revenant à se réinventer, à faire surgir un autre moi) et promet de retranscrire une vérité de soi par le prisme de la fiction. Alors que le récit autobiographique se retourne sur sa mémoire pour faire le constat du passage du temps, l'autofiction s'en détourne et contourne ce passé, utilisant les pouvoirs d'invention de l'écriture et le roman comme un espace de liberté retrouvée, un territoire hospitalier de tous les possibles et de toutes les virtualités du je. L'autofiction propose ainsi un pacte de nature fictionnelle, soit un pacte contradictoire de vérité qui ne se départit pas de son caractère fictionnel (et qui n'est pas sans s'apparenter dans son principe à la thèse fictionnaliste évoquée par André Gide dans *Les Faux-monnayeurs*, selon laquelle nous ne sommes jamais plus sincères que dans la fiction – la *sincérité* étant à mettre en relation d'équivalence synonymique à la *vérité*), un contrat problématique qui nous avertit implicitement de la difficulté, voire de l'impossibilité où est le récit autobiographique de relater fidèlement la vie, de tenir sa promesse de vérité.

D'une certaine façon, seule la littérature autobiographique de deuil, qui repose sur un principe de donation et d'effacement de soi, au moins dans sa promesse d'offrir une consolation ou une réparation par-delà la mort, de témoigner de la disparition d'un être cher, de produire une sorte d'éloge ou d'oraison funèbre, voire de panégyrique, ou encore, comme, dans les rituels funéraires chez les Grecs anciens, une ultime exposition du mort, une *prothèsis* verbale avant une mise au tombeau, peut aussi contribuer à perpétuer sa mémoire. Écrire sur un mort, c'est lui redonner vie, c'est conjurer le thanatique, les forces de Thanatos, à travers une lutte verbale glorieuse au bout de laquelle triompheront les mots. Faire de l'écriture une pratique consolatoire, élaborer un dispositif, une grammaire, une poétique de la réparation permet de renouer avec l'antique vocation consolatrice qu'enseignaient la philosophie platonicienne et les stoïciens, qui valorisaient la dignité de l'homme traversant la souffrance et les épreuves de l'infortune. Fût-ce en tenant – voire pour tenir – sa promesse de rendre hommage, cette littérature de deuil risque d'engluer son auteur dans une mémoire irréductiblement affectée par la mort, de le faire demeurer dans une forme plus pernicieuse de l'inconsolation, du regret, du repentir, où les mots et les pouvoirs consolatoires du raisonnement demeureront finalement, malgré cet effort, impuissants à conjurer sa peine. Dans tous les cas, en accordant une foi supérieure dans la parole écrite, cette littérature concrétise la promesse de redonner une mémoire au défunt, de lui reverser un don, de restaurer, intimement et socialement, un lien avec lui : elle réalise pleinement son désir de communion, son souhait de relier le défunt à son histoire, de réactualiser le vivre-ensemble.

Le concept d'identité narrative, conçu et formé par Ricœur, doit être convoqué ici pour comprendre la manière dont, élaborant le récit de ma vie et m'y attribuant un rôle principal, redonnant cohérence à cette vie par-delà les multiples événements qui s'y sont joués, les changements et les transformations qui ont fabriqué celui que je suis devenu, je *fais histoire*, je me mets en récit, je m'inscris dans une narration, mais une narration dotée d'une forme de performativité, qui s'applique autant à la rétrospection de ma vie qu'à sa prospection. L'action de se remémorer est performative dans le sens où elle permet d'embrasser toutes les dimensions temporelles de la narration, le passé (ce que j'ai été, ou même un passé hypothétique : ce que je crois que j'ai été), le présent (ce que je suis et ce que je fais de ce que je suis) et le futur (l'image de moi qui sera produite) pour s'apparenter à une quête prospective, une reprise dynamique, avançant lentement mais sûrement vers soi, un soi reconstitué et cohérent, peut-être pas un *soi vrai* mais un *soi en vérité*. Me perpétuer en me mettant en récit, renaître de mon propre mouvement de configuration discursive, me fabriquer et m'attester moi-même en restant fidèle à celui que j'ai été, à celui que je suis, affirme mon identité de récit : c'est ainsi que je me présente à autrui et m'engage devant lui, c'est ainsi que je lui promets ce que je suis.

Le héros de la promesse est forcément un *faiseux* digne, courageux, persévérant, loyal et fidèle à sa parole, agissant pour résoudre un problème et dépasser une situation. Celui qui n'agit pas n'a pas accès au promettre, il se condamne à l'anti-héroïsme, au romanesque de l'inaction. Les narrateurs du *Voyeur* et de *La Jalousie* d'Alain Robbe-Grillet qui se contentent d'observer le monde sans rien faire, les personnages de Samuel Beckett, Vladimir et Estragon, qui attendent Godot en refaisant le monde, ou l'aboulique Dino de *L'Ennui* d'Alberto Moravia, n'agissent pas sur le monde, ils sont agis par le monde et par les autres, ils sont des marionnettes incapables de prendre leur destin en main, et par conséquent de promettre. L'action contraint l'anti-héros, elle l'oblige à s'immerger dans ses pensées, à imaginer ou à rêver qu'il agit, qu'il tient parole, de sorte que sa promesse ne peut relever que du fantasme. Pour autant, l'anti-héros peut être agissant, mais alors il accomplira une action vouée à l'échec, il donnera sa parole sans fournir les efforts pour la tenir ou ne la tiendra pas parce qu'il s'en sentira incapable. L'anti-héros s'oppose radicalement au promettant.

Se promettre à soi-même

Il peut paraître paradoxal, ou incohérent dans une certaine mesure, de se faire une promesse à soi-même, puisque cela supposerait une ubiquité entre le fait d'être l'énonciateur d'une promesse en même temps que son destinataire, la personne envers laquelle je contracte un engagement moral en même temps que celle qui a le pouvoir de le rompre. Le devoir moral, inhérent à la relation à l'autre, est difficilement concevable dans le contexte d'une relation à soi ; à tout le moins suscite-t-il une certaine confusion théorique, car ce devoir ne peut s'envisager que dans une perspective morale et se comprendre, en conséquence, à travers les notions de tort ou de préjudice que l'on causerait à son semblable. De fait, tenir parole ou, si l'on veut, rester fidèle à soi-même, semble *a priori* cohérent seulement dans la perspective de donner ou de satisfaire autrui. C'est lui, le prochain, qui me rend redevable, c'est lui qui m'oblige ; en son absence, et sans obligation par rapport à lui, la valeur d'une fidélité à moi-même devient discutable, pour ne pas dire problématique, puisqu'une fidélité *à moi-même pour moi-même*, une fidélité solipsiste, ou autarcique en somme, ne peut normalement pas forger une morale, une relation éthique envers moi-même. Emmanuel Levinas explique, dans *Totalité et infini*, que c'est bien la présence impérieuse d'autrui dans une relation, la confiance qu'il place en moi, et la vulnérabilité que je devine en lui, qui me rendent responsable et m'imposent de le soutenir.

Et moi-même, d'ailleurs, ne me suis-je pas fait la promesse de changer de vie, de m'améliorer ? N'ai-je pas changé, ne me suis-je pas transformé pour devenir un autre, ne me suis-je pas envisagé moi-même comme un autre ? Si, dans le cas où j'aurais passé ma jeunesse à me négliger – comme en témoignent ma dérive vers la petite délinquance, mes redoublements au collège, ma relégation et mon entrée dans le processus de sélection sociale –, ne pourrais-je pas, après avoir pris conscience tardivement de ma négligence, et d'une certaine déchéance qui s'accompagnait d'un sentiment d'avoir manqué ma vie, ne pourrais-je pas vouloir me réhabiliter, et, partant, me faire la promesse de réussir, de montrer un meilleur visage de moi-même ? Dire cela, c'est reconnaître que l'altérité me constitue, et qu'elle s'est manifestée pour moi suivant une prise de conscience. La promesse que je me suis faite de changer n'a sans doute en réalité répondu qu'à l'appel de ma conscience. En me questionnant, en me percevant comme un autre, l'autre est venu me replacer sur les bons rails, il m'a enjoint de devenir ce que je voulais être. Ce n'est pas tant moi qui suis allé vers l'autre que « l'autre de moi » qui est venu vers moi pour m'aider à formuler cette promesse envers moi-même. L'autre est celui auquel en moi s'adresse le promettant.

Pour ma part, je n'ai pas eu la chance, ou la malchance peut-être, d'avoir eu à satisfaire les attentes de parents qui auraient misé sur ma carrière et m'auraient guidé dans l'exercice d'une profession qu'ils auraient pensé faite pour moi, une profession adaptée à mes goûts et à ma personnalité, d'un destin qu'ils auraient rêvé pour moi, comme la mère de Romain Gary dans *La Promesse de l'aube*, qui envisage son fils en écrivain et en diplomate. Disons que, en redoublant deux fois au collège, je n'avais pas donné trop d'espoirs à mes parents, et ne les avais incités ni à rêver ni à avoir de hautes ambitions pour moi. Mon père disait d'ailleurs, avec raison, sans malice ni méchanceté, juste en constatant mes résultats accablants, insultant l'intelligence, que je n'étais pas fait pour les études. Sans repères, perdu dans ma scolarité chaotique, je m'étais ainsi laissé orienter par eux vers une filière technique, un CAP et un BEP d'agent administratif, qu'ils avaient embrassée une vingtaine d'années plus tôt et pour laquelle ni l'un ni l'autre n'étaient faits, mais dans laquelle, faute de choix, les déterminismes, une scolarité difficile et la mésinformation d'alors les avaient jetés malgré eux. Cette orientation, qui me désespéra moi aussi, fut cependant un mal pour un bien et me fit prendre conscience de ma situation, du danger de ne pas assez étudier. J'avais déjà dix-neuf ans lorsque j'obtins mon diplôme et m'engageai dans ce qu'on appelait à l'époque une première d'adaptation qui permettait de passer un baccalauréat technique et la possibilité de rejoindre une filière générale. Je détestais ces études professionnelles et je savais que, même si j'obtenais mon baccalauréat d'administration, je ne deviendrais jamais secrétaire. Au reste, je ne savais pas réellement quelle profession me plairait car j'avais du retard dans toutes les matières générales, mais c'est alors que le miracle se produisit et que, moi qui n'avais jamais ouvert un livre en dehors des programmes scolaires, je me mis à lire et à éprouver une passion pour la littérature et l'écriture. Ces deux années, qui me firent découvrir *La Nausée* de Sartre, *L'Été 80* de Duras, *L'Étranger* de Camus, *La Lettre au père* de Kafka, *Adolphe* de Benjamin Constant, *L'Espèce humaine* de Robert Antelme, et bien d'autres, furent déterminantes dans ma vie. C'est au cours de celles-ci que mon destin bascula et que je vis dans la littérature, dans les mots qui faisaient tant défaut au grand timide que j'étais, une forme d'espoir, la possibilité de m'extraire de mon milieu modeste, de suivre les études que mes parents n'avaient pas pu suivre et de vaincre la fatalité sociale. En peu de temps, la littérature devint le seul territoire où, moi si taiseux, si sauvage, je me sentais à mon aise. Cet espoir que me donnait la littérature était si démesuré que je me promis parallèlement de devenir écrivain. Un ami m'a rapporté récemment cette parole radicale que je lui aurais dite et qui l'avait tant impressionné qu'il se la rappelle une trentaine d'années plus tard : « Je serai écrivain. » Si une promesse semble toujours excessive, c'est qu'elle se lance comme un défi au monde et se tend vers un objectif inatteignable. Promettre, c'est s'inscrire dans l'élargissement accompli de son existence. Je voulais m'extraire du destin de petit employé que l'on avait écrit pour moi, ce destin vers lequel mes études professionnelles me dirigeaient. Qu'en un an ou deux, sans véritables connaissances ni talent, ni grandes capacités littéraires encore, sans moyens financiers pour m'adonner durablement à ma passion, j'aie pu m'autoriser un tel destin demeure encore pour moi un mystère, mais c'était pourtant bien une promesse que je me fis, pour me prouver que je valais mieux que tout ce que j'avais montré jusque-là et prouver aux autres que je n'étais pas celui qu'ils avaient pensé que j'étais ; en somme, je me faisais une promesse qui réhabiliterait en moi le mauvais élève que je n'avais cessé d'être. Ainsi, je m'inscrivis en lettres modernes à l'université de Rouen, non, comme mes autres camarades, pour me forger un métier mais pour approfondir mes connaissances et me donner ainsi tous les moyens de devenir écrivain, croyant avec naïveté que de telles études me favoriseraient (je dis « naïveté » car des études de lettres ne donnent pas plus de chances, en réalité, de devenir écrivain que d'autres études : c'est notre qualité et nos compétences de lecteur qui nous permettent de le devenir), et c'est bien un miracle qui se produisit puisque, en l'espace de dix années, à force de travail et de détermination, je réalisais ma promesse en publiant deux romans aux éditions Gallimard mais aussi en obtenant mon doctorat de lettres et en me lançant dans des études postdoctorales. Ce que les sociologues définissent comme une « prophétie autoréalisatrice », le fait de me conditionner à devenir écrivain me plaça dans une position susceptible d'engendrer suffisamment de croyance pour réaliser l'objet de ma promesse et, donc, pour tenir parole.

Si, toutefois, nous pouvons bien nourrir des ambitions démesurées et nous promettre de réaliser de grandes choses, pouvons-nous réellement nous promettre un destin, sachant qu'une telle promesse sera soumise à divers aléas comme à de nombreuses contraintes extérieures, des obstacles indépendants de notre volonté, et que notre plus grande détermination employée à la réaliser ne garantira en rien de réussir ? Qu'engageons-nous lorsque nous promettons, et qu'elle est la nature profonde de cette promesse quasiment irréalisable ? La promesse d'infléchir un destin, sur lequel nous n'avons pas d'emprise, sans être impossible, reste improbable. Ma promesse provenait d'ailleurs autant du désespoir et du pari, autant de l'orgueil et du défi que d'un songe inconséquent, d'une auto-persuasion manifeste, un peu délirante puisque dérivant d'une croyance infondée, car je venais d'un monde sans livres, mes parents étaient désintéressés des plaisirs culturels et mes camarades n'avaient pas d'ambitions folles comme j'en avais, moi : dans mon milieu défavorisé, habitant cette partie industrielle de l'Eure où les usines débauchaient, où le taux de chômage était important, mes camarades espéraient juste trouver un travail en usine ou dans une entreprise régionale, rien de plus. Plus j'y pense, plus il me semble que ma promesse venait du songe, d'un songe auquel il me réconfortait de revenir en pensées, mais qui n'était qu'un songe improbable. D'ailleurs il suffit de consulter les statistiques de la mobilité sociale pour le confirmer : un infime pourcentage d'élèves provenant des filières professionnelles, venant d'un BEP – près de 1 % –, parviennent à entrer à l'université et les rares qui réussissent abandonnent à la fin de la première ou de la deuxième année. Et les statistiques pour devenir écrivain, dans mon cas, venant d'une filière professionnelle, devaient être aussi faibles. Ce que je me promettais alors, c'était l'assurance de rêver et de m'extraire, par l'imagination au moins, des incertitudes qui entouraient mon avenir. Cela valait tout, et peu importe que je réussisse ou non. Dans mon cas, il n'y aurait rien eu de mal au fait que je ne tienne pas cette promesse, et ce n'était pas tant de réussir qui comptait au fond que d'essayer, de me prouver à moi-même que je valais mieux que tout ce que j'avais montré jusque-là et que, de toute façon, je devais m'améliorer, me corriger, fuir la petite délinquance vers laquelle je m'orientais inéluctablement.

Plus profondément, je dirais que cette fidélité à ma promesse ne tient peut-être pas tant au fait de l'avoir suffisamment voulue pour la réaliser qu'au fait d'être demeuré fidèle à tout ce que j'étais, à des valeurs de loyauté, de fidélité à mon milieu social, à des principes qui font que je ne me reconnais pas dans les affects qu'éprouve la plupart des transfuges, notamment le sentiment de trahison de ceux qui, en s'appropriant les codes et les valeurs des milieux bourgeois, en viennent à mépriser leur milieu d'appartenance. Trahir ne consiste pas tant à changer de classe sociale qu'à ne pas se donner une discipline morale suffisante pour rester fidèle à ce que l'on veut ou doit être, notamment en cessant de fréquenter son milieu d'origine ou en rompant définitivement avec les valeurs de son premier monde. Je n'ai jamais ressenti ce sentiment de trahison car, même si je suis amené à côtoyer professionnellement les classes aisées de la bourgeoisie et de la grande bourgeoisie, bien différentes de la mienne pour ne pas dire opposées, si j'ai noué de solides et durables amitiés avec des personnes de ces classes-là, leur milieu ne m'a jamais fasciné, ni même intéressé ; il n'est pas parvenu à absorber ma propre culture, ni à me faire renoncer à mes valeurs, ni surtout à me défaire de mes relations populaires. J'ai non seulement conservé certaines de mes amitiés de jeunesse, mais mes nouvelles connaissances, pour la plupart, proviennent encore, et presque systématiquement, de ce milieu, que ce soit à Paris ou à Naples. Ce choix de m'installer à Naples relève aussi d'une aspiration profonde à revivre dans mon premier monde. Je ne suis pas né à Naples, mais j'y suis re-né en quelque sorte.

Enfin, ma promesse de devenir écrivain s'accompagne d'une promesse plus profonde envers la littérature : d'une certaine façon, elle est un acte de foi en la littérature, une fidélité à une littérature exigeante, intransigeante, celle qui m'a fait évoluer intellectuellement, celle qui m'a fait devenir qui je suis et que j'essaie de reproduire artisanalement sans me trahir. Je n'étais promis à rien mais la littérature, en revanche, constituait une promesse que, bien studieusement, je voulais m'efforcer de tenir. Lorsque je me promettais de devenir écrivain, je me promettais d'être un écrivain à l'image des écrivains que j'admirais, je veux dire, les écrivains pétris de littérature, pratiquant la littérature littéraire sans céder au divertissement ni à la facilité commerciale des narrations ; mais je ne me promettais pas d'être écrivain à n'importe quel prix, un simple producteur de contenu, publiant des livres en nombre, cela ne me faisait pas du tout envie. Sans doute parce que je ne me suis jamais trouvé talentueux, je n'ai cessé d'envisager l'écriture comme une activité ouvrière patiente et répétitive, aliénée d'une certaine façon, grâce à laquelle s'exaltent les valeurs de travail et d'abnégation, les grands principes de ma classe sociale. Il s'agit d'accomplir mon travail au mieux. D'une certaine manière, le fait que je me suis fait durablement confiance pour m'extraire des déterminismes auxquels mon milieu social m'assignait, que je suis parvenu à rester fiable pour me maintenir en capacité de réaliser mes rêves, de les acter, donne peut-être, finalement, à ma promesse une dimension vertueuse, non pas tant celle d'avoir su demeurer le même – puisque je me suis transformé culturellement –, mais celle d'avoir su tenir parole afin, comme Montaigne en a donné un bel exemple dans ses *Essais*, d'exister « en vérité ».

Ouvrages cités

Alain, *Propos sur le bonheur,* Cahiers du Capricorne, 1925.

Robert Antelme, *L'Espèce humaine,* Éditions de la Cité universelle, 1947.

Hannah Arendt, *Essai sur la révolution* [1963], trad. Michel Chrestien, Gallimard, coll. « Les Essais », 1967.

Gaston Bachelard, *L'Intuition de l'instant,* Boivin, 1932.

Simone de Beauvoir, *Mémoires d'une jeune fille rangée,* Gallimard, 1958.

— *Lettres à Nelson Algren. Un amour transatlantique* (1947-1964), Gallimard, 1997.

Samuel Beckett, *En attendant Godot,* Les Éditions de Minuit, 1952.

Albert Camus, Préface à *La Maison du peuple* de Louis Guilloux, Grasset, 1927.

— *L'Étranger,* Gallimard, 1942.

Jean-Louis Chrétien, *Promesses furtives*, Les Éditions de Minuit, coll. « Paradoxe », 2004.

Marcel Conche, *Analyse de l'amour et autres sujets*, Presses universitaires de France, 1997.

Benjamin Constant, *Adolphe*, Treuttel et Würtz, 1816.

Jacques Derrida, *Avances*, préface au *Tombeau du dieu artisan* de Serge Margel, Les Éditions de Minuit, coll. « Paradoxe », 1995.

Marguerite Duras, *L'Été 80*, Les Éditions de Minuit, 1981.

Romain Gary, *La Promesse de l'aube*, Gallimard, 1960.

Marcel Gauchet, *Le Désenchantement du monde*, Gallimard, 1985.

— *L'Avènement de la démocratie*, t. I-IV, Gallimard, 2007-2017.

André Gide, *Les Faux-monnayeurs*, Gallimard, 1925.

Georges Gusdorf, *La Parole*, Presses universitaires de France, coll. « Quadriges », 2013.

Franz Kafka, *Le Procès* [1925], trad. Alexandre Vialatte, Gallimard, 1933.

— « Devant la loi », in *Un médecin de campagne*, trad. Isabelle Raison, Vitalis, 2024.

— *Lettre au père*, trad. François Rey, Ombres, 1998.

Emmanuel Levinas, *Totalité et infini. Essai sur l'extériorité*, Martinus Nijhoff, coll. « Phaenomenologica », 1961.

Nicolas Machiavel, *Le Prince* [1532], trad. Gaspard d'Auvergne, Enguilbert de Marnef, 1553.

Saint Matthieu, Évangiles canoniques, Nouveau Testament, après 70 et avant 90.

Michel Eyquem de Montaigne, *Essais*, Abel L'Angelier, 1588.

Molière, *Dom Juan ou le Festin de Pierre*, 1682.

Alberto Moravia, *L'Ennui*, [Bompiani, 1960], Flammarion, 1961.

Friedrich Nietzsche, *Aurore*, [E. Schmeitzner, 1881], trad. Henri Albert, Mercure de France, 1901.

— *Généalogie de la morale. Un écrit polémique*, [Naumann, 1887], trad. Henri Albert, Mercure de France, 1900.

Marcel Proust, *Un amour de Swann*, Grasset, 1913.

— *La Prisonnière*, Éditions de la Nouvelle Revue française, 1923.

Paul Ricœur, *Soi-même comme un autre*, Seuil, coll. « L'ordre philosophique », 1990.

— *Réflexion faite. Autobiographie intellectuelle*, Éditions Esprit, 1995.

— *Parcours de la reconnaissance. Trois études*, Stock, 2004.

Alain Robbe-Grillet, *Le Voyeur*, Les Éditions de Minuit, 1955.

— *La Jalousie*, Les Éditions de Minuit, 1957.

Jean-Paul Sartre, *La Nausée*, Gallimard, 1938.

— *L'Être et le Néant*, Gallimard, coll. « Bibliothèque des idées », 1943.

Baruch Spinoza, *L'Éthique*, [Jan Rieuwertz, 1677], Flammarion, 2021.

Chrétien de Troyes, *Lancelot ou le Chevalier à la charrette*, XIIe siècle.

Paul Verlaine, « Lassitude », in *Poèmes saturniens*, Alphonse Lemerre, 1866.

Stefan Zweig, *Le Voyage dans le passé* [1929], trad. Baptiste Touverey, Grasset, 2008.

Table

Du même auteur

Romans

L'Étreinte, Gallimard, 1997.
La Dernière Année, Gallimard, 1999.
Le Renoncement, Gallimard, 2001.
L'Été à Dresde, Gallimard, 2003.
Paris l'après-midi, Grasset, 2006. Prix François Mauriac de l'Académie Française.
Faux-père, Grasset, 2008.
Confession d'un timide, Grasset, 2010.
Pas son genre, Grasset, 2011.
La Femme infidèle, Grasset, 2013. Prix Jean Freustié.
Une idée de l'enfer, Grasset, 2015.
La Fille à la voiture rouge, Grasset, 2017.
Un matin d'hiver, Grasset, 2019.
La Malédiction de la Madone, Robert Laffont, 2022. Prix Méditerranée.
Mauvais élève, Robert Laffont, 2025.

Essais

Retours à Hugo, photographies de Jean-Luc Chapin, Bordeaux, Éditions Confluences, 2005.

Défense de Narcisse (suivi d'un entretien avec Serge Doubrovsky), Grasset, 2005.

L'Autofiction en théorie (suivi de deux entretiens avec Philippe Sollers et Philippe Lejeune), Éditions de la Transparence, 2009.

Dans le séjour des corps. Essai sur Marguerite Duras, Éditions de la Transparence, 2010.

Éloge de l'arrogance, Monaco, Éditions du Rocher, 2012.

Le donjuanisme est un humanisme, préface du *Dom Juan* de Molière, Hatier, 2009.

Dit-il, sur *L'Été 80* de Marguerite Duras, Cécile Defaut édition, 2011.

Le Paradoxe de l'écrivain. Philippe Vilain ou La dialectique des genres, Sous la direction d'Arnaud Schmitt et Philippe Weigel, Orizons, coll. « Universités/Comparaisons », 2015.

La Littérature sans idéal, Grasset, 2016.

Je ne sais faire qu'écrire, Stilus, 2019.

La Passion d'Orphée, Grasset, 2020.

Mille couleurs de Naples, Stilus, 2020.

Moderne Pasolini, préface de *Tutto Pasolini*, Rome, Gremese, 2022.

Cet ouvrage a été mis en pages par

<pixellence>

Les Éditions Flammarion sont investies dans une démarche active pour l'empreinte environnementale de leurs parutions. Ainsi, le livre que vous tenez entre vos mains a été imprimé sur des papiers issus de forêts gérées durablement, par un imprimeur engagé dans la protection de l'environnement.

Editions Flammarion
82, rue Saint-Lazare CS 10124 - 75009 Paris
securitedesproduits2@madrigall.fr

Imprimé en France par CPI en décembre 2025

Dépôt légal : janvier 2026
N° d'édition : 620239-0
N° d'impression : 186051